日本政治学会 編

戦争と政治学

年報政治学2007−Ⅰ

木鐸社

はじめに
―戦争・国家・政治学の変容―

　本号の特集テーマは,「戦争と政治学」である。戦争の変容が言われる現在において,学問としての政治学のあり方や方向性について考えたいというのがその趣旨である。

　戦争のあり方と関連して,もっとも注目すべき変化は,その国家との関係の変容である。C・ティリの指摘どおり,ヨーロッパでの近代国家の形成過程において,「国家形成」(state-making)は,「戦争遂行」(war-making)と表裏一体となって展開された。戦争の過程で,より効率的な武力行使をめぐる競争の激化が,近代的な国家体制の整備につながった。それと同時に,国家同士の競争は必然的に戦争を誘発することになった。戦争が近代国家を誕生させ,また国家が戦争を生み出すという循環構造の中で,西欧的な近代主権国家体系は形成された。「国家形成を促進する戦争の時代」と言って良いだろう。

　しかし,今やその流れは逆転し,「国家解体を促進する戦争の時代」を迎えているようにみえる。「古い戦争」が国家形成と結びついていたとすれば,「新しい戦争」(M・カルドー)は国家体制の解体の原因であり,結果でもある。戦争が国家を弱体化し,国家の揺らぎが戦争・紛争・暴力の拡散に帰結する循環構造の出現である。これは国家としての統治機能を保つことができなくなった「破綻国家」の場合を指しているのではない。「9・11」に象徴されるように,いわゆる先進諸国の中枢部までが,「テロ」という名の「非対称の戦争」の戦場と化しているという点で,近代国家体系の弱体化は普遍的な現象といえよう。

　カルドーらの指摘するとおり,「古い戦争」から「新しい戦争」への転換は,マクロ歴史的な変容を背景にしており,国家,さらには近代そのものにおける,より根本的な変化の表れとみるべきであろう。「新しい中世」という概念に集約される近年の議論が示すように,「正統な暴力の独占」という近代国家の前提が崩れ,暴力が主体や領域の面で,多様化し,拡散しているのが現状である。

問題は，こうした巨大な歴史的変容がどのような秩序を生み出し，国内と国際の両面において，どのような「政治」の枠組みが形成されるかという点にあろう。近代国家体系をその対象とし，近代的な学問として成立した政治学にとっても，こうした変容は大きな課題を突きつけるものといえよう。学問としての政治学の多くの概念は，国家という枠組みを前提としたものであり，とりわけ，国際政治の分野においては，国家間の組織された暴力としての戦争が多くの国際政治理論の産室となった。われわれの固定観念を遥かに超えた速度と強度で進行する「戦争の変容」の現状は，政治学と政治の現実のギャップをもっとも尖鋭な形で示している。

　通常，「新しい戦争」の出現は，冷戦の終結，グローバル化，民主化（および自由化・分権化）など，主として90年代以後に表面化した一連のマクロ歴史的な潮流の文脈で説明される。これらの潮流は，それぞれ別の次元での動きであり，個別の現象として論じられる場合が多い。しかし，いずれも近代国家体制への挑戦であり，その揺らぎという面では，これらの潮流は相互に連動しているものと捉えるべきであろう。ポランニーの議論を援用した「第二の大転換」論を持ち出すまでもなく，グローバル化と民主化は，それぞれ国家体制を内外から揺さぶり，国境線の内外に沿った均質化と多様化の力学を逆転させるものである。内部の均質性と外側の異質性の区分という国境線の構成原理を形骸化し，むしろその逆転現象が日常化しているのが現状である。

　注目すべきは，こうした国家の変容が冷戦の終結とも深く結びついている点である。さらにいえば，冷戦の終結だけでなく，その発生過程や展開そのものを，近代国家体系の揺らぎを背景とした「戦争の変容」の文脈で捉えなおす必要があるかも知れない。政治学，とりわけ国際政治学分野における多くの理論は，冷戦期を背景に生まれた。核戦争が現実の脅威として認識された未曾有の軍事的対立状況の下，国家中心主義や軍事力重視などを要点とするリアリズムが国際政治の現実と理論に大きな影を落としたのも自然な現象といえる。しかし，冷戦期は，その実態においては，すでに近代的な国家体系における重要な変容が生じた時期でもあった。カルドーがいみじくも表現したように，冷戦期の対立構造は，主権国家を単位としたものではなく，国家の集まりとしてのブロックであり，米ソ間の冷戦も，その巨大な軍事的対峙にもかかわらず，実際の戦争の可能性は構造的

かつ主観的に制約された「想像上の戦争」であった．戦争という主権国家の最大の「権利」が構造的に制約された冷戦期は，まさに主権国家体系を前提とした国際政治「学」の再検討を迫る時代であった．二つの世界大戦の教訓を土台にした「戦争の非制度化」という規範の拡散も，近代国家体系の根底的な変容の表れに他ならない．

第3次世界大戦の事実上の代替物とでもいうべき米ソ冷戦は，最終的には，ソ連・東欧圏の内発的な変化によって，「平和」的に終結した．R・ギルピンの分析が示すように，国際政治の支配構造の変容には，ほぼ例外なく，戦争が伴っていた歴史のパターンを考えると，重武装した冷戦期の対立が直接の武力衝突を経ずに終結したことは，一つの驚異でもある．その分析や説明，そして今後の展望には，国家およびそれを単位とした国際関係そのものについて，その原点に立ち返った根底的な検討が欠かせない．「グローバル化時代の暴力」としての「新しい戦争」の現状と行方を考えるためにも，近代国家と戦争，それに対する政治学の営みを問い直す作業から始めなければならないであろう．

本号では，こうした状況を背景に，戦争・国家・政治学の「変容」に焦点を合わせつつ，政治思想から国際政治に至る多様な視点からの問題提起を試みた．ウェーバーの戦争・国家観から，正戦論の検討に至るまで，取り上げるテーマは多岐にわたるが，こうした取り組みが「新しい戦争」の時代の政治学の再構築につながることを期待したい．

本来は，7月に刊行されるべきであったが，編集責任者である私の不手際で大幅に遅れ，年報政治学の刊行スケジュールの全体的な調整を余儀なくされた．日本政治学会会員の皆様に深くお詫び申し上げたい．さらに，日程の再調整などで，年報委員および執筆者各位にもご迷惑をおかけしたが，様々なご協力をいただいたことにも感謝したい．最後に，木鐸社の坂口節子氏には，刊行計画の大幅な変更で多大なご迷惑をおかけしたことをお詫びしたい．

2007年9月

2007年度年報委員長　李鍾元

日本政治学会年報　2007‐Ⅰ

目次

はじめに
　―戦争の変容と政治学の模索―　　　　　　　　　　　李　　鍾元（3）

〔特集〕　**戦争と政治学**

マックス・ウェーバーにおける戦争と政治
　―〈宗教社会学〉への試論として―　　　　　　　　　亀嶋庸一（11）

書かれざる「戦争の政治学」
　―アレント革命論の理論的射程―　　　　　　　　　　川原　　彰（35）

民主主義と武力行使
　―冷戦終焉後の展開とイラク戦争による転回―　　　　押村　　高（57）

デモクラシーと戦争
　―政治思想としての国際政治―　　　　　　　　　　　北村　　治（79）

戦争と政治理論
　―平和の政治理論の構築に向けた正戦論批判―　　　　太田義器（95）

R. M. ティトマスにおける戦争と福祉
　―「戦争と社会政策」再考―　　　　　　　　　　　　山本　　卓（119）

〔論文〕

包摂／排除をめぐる現代デモクラシー理論
　―「闘技」モデルと「熟議」モデルのあいだ―　　　山田竜作（143）

〔書評〕

2006年度　書評　　　　　　　　　　　　日本政治学会書評委員会（163）

〔学会規約・その他〕

日本政治学会規約　　　　　　　　　　　　　　　　　　　　　　（183）

日本政治学会理事・監事選出規程　　　　　　　　　　　　　　　（185）

日本政治学会理事長選出規程　　　　　　　　　　　　　　　　　（186）

日本政治学会次期理事会運営規程　　　　　　　　　　　　　　　（187）

『年報政治学』論文投稿規程　　　　　　　　　　　　　　　　　（188）

査読委員会規程　　　　　　　　　　　　　　　　　　　　　　　（192）

Summary of Articles　　　　　　　　　　　　　　　　　　　　（195）

戦争と政治学

マックス・ウェーバーにおける戦争と政治

―― 〈宗教社会学〉への試論として ――

亀嶋庸一*

1 問題の所在

1－1　第一次大戦とウェーバー

　ウェーバーと戦争について考えるとすれば，誰しもまず第一次大戦を思い浮かべざるをえないであろう。祖国ドイツの命運をかけ敗北に導いたこの戦争こそは，ウェーバーの人生の中で起きたあまりにも重大かつ深刻な出来事だったからである。今日われわれはこの戦争を第一次世界大戦と呼び，史上初の「世界戦争」として，従来の戦争とは異なり長期におよんだ，しかも機関銃や毒ガス等の新兵器を駆使した恐怖の無差別殺戮戦争として，また夥しい死傷者をもたらした塹壕戦に象徴されるきわめて悲惨な戦争として，そして従来の正規軍同士の戦闘とは一変した，一般市民をも巻き込む総動員体制の下で遂行された総力戦として，すなわち文字どおりの「20世紀」のまさに始まりを告げる近代戦として描いている。しかし，同時代人の一人として，また当時のドイツ国民の一人として誰よりも第一次大戦について真剣に考え抜いたウェーバーは，この戦争をどのように受け止めていたのであろうか。

　マリアンネのウェーバー伝を始めとする一連の伝記的，歴史的研究は，この点についていくつかの興味深い事実を伝えている。その一つは，ウェーバーが開戦とともに，その直前の不安と緊張から一転して「偉大ですばらしい」戦争を体験できることに感動し，戦地に赴くことができない自分の年齢を恨みながら，次善の策としてただちに研究を中断し予備野戦病院

---

*　成蹊大学法学部・教授．現代政治思想

整備の任務についた，ということである。この一年以上におよんだ病院の作業整備という骨の折れる仕事は，これまで研究者によってさほど重視されてこなかったようにみえるが，しかしウェーバーの戦時体験を考える上では見過ごすことのできない意義をもっている。それはウェーバーに，戦争遂行を可能にするための軍隊組織や行政組織の問題をつぶさに観察する絶好の機会を与えたと同時に，大学の同僚たちの助けも借りて「ずたずたにされた肉体を癒して新しい闘いへ送り出すばかりでなく，恐怖によって硬直した精神を郷土の愛情のなかで解きほぐす」といった負傷者へのケア——おそらくは今日風にいうならば戦争症候群の問題も含まれていたのではないかと推測される——は，大戦争の悲惨さを間近で認識する機会を与えずにはおかなかったはずだからである[1]。このような認識は，彼自身の二人の身内や親しい友人の戦死という辛い経験によっても強められていたはずであるが，他方でウェーバーは戦争の恐怖に耐え品位をもって帰還するドイツの兵士たちを「真の人間性」として賞賛したと伝えられる。

　注目すべき第二の点は，彼が早くからこの戦争に対する大局的な洞察と戦況に対する理性的な判断に立って「数十万の人々がわが国の外交の恐るべき無能のために血を流している」ことを憂えていた，ということである。帝国主義の時代の中で，やがて来るべき戦争の不可避性を予感しながらもドイツが大国として生き残る道を誰よりも冷静に，そしてまた誰よりも熱烈に追求してきたウェーバーにとって，この戦争でドイツがとるべき道は勝利による過大な成果を求めることでは決してなく，将来においても「世界政策」を遂行しうるだけの状況を戦後においても維持できるよう，ともかく「この大戦を切り抜ける」ことでしかなかった[2]。それ故，ウェーバーは無神経な併合主義者や帝国主義的膨張主義者を痛烈に批判せざるをえなかったのであるが，モムゼンが明らかにしているように，それはウェーバーがあらゆる併合や帝国主義に対して信念から反対していたからではなく，あくまでもドイツの「世界政策」という究極の目標のためであったし，国内の全ドイツ派と比べれば控えめでリベラルにみえるウェーバーの東部中欧政策も，ポーランドなどの当事者からみれば十分に覇権主義的でさえあった[3]。

　さらに，ウェーバーは国内の膨張主義的併合論や戦争目的論に対抗してビスマルク的な「古典的帝国主義」あるいは「自由帝国主義」の立場から

独自の戦争目的論を展開し，後には外交のより合理的な遂行をドイツに可能にさせるための内政改革論を積極的に訴え，「議会と政府」に代表される政治論の中で，深い歴史的知識と理論的洞察を駆使した議会主義や民主主義に関する考察を次々と著わしていった。このようにみるならば，そして戦争が起こっていなかったならばウェーバーは政治論を書く時間と労力の多くをいわゆる『経済と社会』や『宗教社会学論集』などの研究に費やしていたであろうと考えるならば——実際，『経済と社会』の「旧稿」は開戦と同時に未発表のままに置かれウェーバーの構想変更もあって彼の死後遺稿として発見された——，第一次大戦は，ウェーバーのナショナリズムや祖国ドイツへの情熱をわれわれに再確認させることとなっただけではなく，ウェーバーを議会主義化と民主主義化の方向での政治改革に専念させることによって，現代政治の問題を考える上で今日なお有益な理論的洞察を後世に残すことに大きく貢献したというべきであろう。

1−2 〈政治〉についての問い

　けれども，ウェーバーが第一次大戦をどのように受け止めたのかという問題，あるいはウェーバーと大戦との関係に関するこれまでの，彼の個人史や彼の政治的立場という観点から考察されてきた伝記的・政治史的研究を以上のように要約できるとするならば，なお次のような別の問いを立てることができる。すなわち，それは，ウェーバーはいったい大戦あるいは近代の戦争それ自体をどう考えていたのか，彼はそもそも戦争についてなにか理論的な考察を試みていたのかどうか，そしてそのような考察がもしあったとすれば，それはウェーバーの戦争中の発言にどのように反映されていたのか，という問題である。こうした問いは，従来の研究が第一次大戦におけるドイツの対外的・国内的問題へのウェーバーの立場ということにもっぱら焦点を当ててきたために，戦争あるいは政治と戦争をめぐるウェーバーの理論的考察を検討する作業が依然として残されたままではないのかという問題関心にもとづいている。実際，これまでの多くの議論はモムゼンによる解釈をめぐって，ウェーバーの政治的立場がどれだけ当時の帝国主義的傾向に拘束されていたのか，あるいはどれだけそうした傾向に批判的であったのかといった論点に終始しがちであった。それ故，従来の研究によってなお十分に検討されてこなかった「近代」の戦争と政治に関

するウェーバーの考察に焦点を当て，その特徴を明らかにすることが本稿での分析課題となるのである。

　この新たな問題を解く一つの重要な手掛かりとなると思われるのは，かの有名な「中間考察　宗教的現世拒否の段階と方向［の理論］」に他ならない。周知のように，『世界宗教の経済倫理』の諸論考の一つとして，「序論」，「儒教と道教」に続いて『アルヒーフ』に掲載された「中間考察」においては，宗教と政治の領域との緊張関係が論じられている箇所で戦争についての興味深い言及がみられるからである。同論文が掲載されたのは1915年の末であったが，ただしマリアンネによれば，他の論文同様，「中間考察」の原稿はすでに戦前に書かれていたという。原稿が残されていないため発表の際に手が加えられたかどうかは確かめようもない。けれども，同じく戦前に書かれていた『経済と社会』の「旧稿」中の，内容的に「中間考察」に対応する「宗教社会学」の「宗教倫理と「現世」」には戦争に関する言及はみられず，しかも前述したように「旧稿」は公表されないままであったことをみるならば，戦争への言及を含んだ「中間考察」が公表されていたことは，やはりある特別な意味をもたざるをえないのではないだろうか。確かに，「中間考察」は単独の論文としてではなく，『世界宗教の経済倫理』のシリーズとして公刊されたものであった。しかし，目の前で起こっている大戦に実生活の上でも，また時事評論活動を通じても，彼なりに深くコミットメントしているその直中に，政治と戦争という微妙な内容をもつ考察を公表する以上，たとえその内容が学問的でありかつ戦前に書かれていたとしても，開戦後の時点で改めてウェーバー自身が確認し納得しえた内容であったからこそ活字にできたのであり，あるいはそうした内容のものしか印刷にまわさなかったであろうことは容易に推測できる。

　しかも，そうした憶測の当否以上にもっと重要なのは，戦争に関する言及がみられる宗教と政治との緊張関係を論じている箇所こそ，政治についてのウェーバーの原理的な考察がまさに展開されているという点で，「中間考察」中もっとも迫力のある部分となっているということである。なぜならば，後にみるようにそこにおいては，宗教倫理と現世の諸領域との緊張関係という視点から諸領域がそれぞれ順番に論じられていく中で，経済や美，性愛，知性といった現世の諸領域と政治の領域との違いが浮き彫りにされてくるのであり，それ故，他ならぬ政治それ自体の固有性にこそ光

が当てられているという意味で，いわば〈政治的なものの概念〉の考察ともいうべき原理的問いかけが開示されているといえるからである。しかも，その際に注目すべきは，この問いかけが「近代」あるいは「合理化」を問うウェーバーの「普遍史」的考察の中で発せられていたということである。なぜならば，宗教倫理と現世の諸領域はそれぞれが「合理化」の道を進んでいるのであり，まさにその過程で両者の緊張関係が強まり，それが強まる程度にともなって宗教倫理も現世の諸領域もそれぞれの固有性を強めていくからである。

　政治の領域も，まさにこの「合理化」あるいは「事象化」の過程において，自らを変容させ新たなダイナミズムを生み出してきたのである。政治は自らを「非人格化 Verunpersönlichung」させることによって，宗教倫理との緊張関係を強めると同時に，自らの内部に「非人格化」と対立する傾向を，あるいは対立することによって「非人格化」の傾向に対しバランスをはかる動きをつくりだそうとするからである。まさに，それこそが近代における政治の固有な特徴であったからに他ならない。「中間考察」における戦争についての考察は，「近代」の政治の有り様に関するそうした問いの，まさしく核心的部分において登場していた。この意味で，ウェーバーによる戦争の考察は，確かに戦争論それ自体が意図されていたわけではなくとも，西欧近代の「合理化」の下での政治の固有性の展開をめぐる興味深い議論の中に深くしっかりと位置づけられていたのであり，しかもそこにはかの大戦の暗く長い影が微妙に投げかけられていたのである。

2　「中間考察」における戦争と政治

2−1　政治の固有性をめぐって

　周知のように，『世界宗教の経済倫理』の中で「儒教と道教」と「ヒンドゥー教と仏教」との間に配置された「中間考察」は，現世肯定的な中国の宗教倫理を扱った後に，インドおよび古代イスラエルの宗教，そしてさらに予定されていたであろうキリスト教といった一連の現世拒否的な宗教倫理を論じていく上での，導入的な理論的説明としての位置づけを与えられていた。すなわち，「現世否定の諸宗教倫理は，総じていかなる動機にもとづいて成立し，いかなる方向に向かって展開したのか。それゆえ，そうし

た宗教倫理の「意味」はなんでありえたのか」が問われているのである。

ウェーバーによれば，現世拒否的な，現世との間に緊張関係をもたざるをえない宗教の登場は，ある特定の方向での宗教の「合理化 Rationalisierung」の進展の結果であった。それは，宗教が呪術から発展し，信者に対して「苦難」からの解放を約束するとともに彼らの「生活態度の合理的な体系化」を全体的に要求する宗教，すなわち本来の意味での「救済宗教」の成立に対応していたのであり，しかも，それが「普遍主義的な友愛の方向」を貫くにしたがって，宗教と現世の諸価値との対立がいっそう強まったからである。さらに，この緊張は，宗教の側の合理化のみならず現世の側での同様の展開によって，すなわち双方の合理化の進展によってもたらされた避けがたい帰結であった。「なぜなら，宗教的および現世的財の外的・内的な所有のさまざまな領域と人間との関係が合理化され，意識的に純化されてくるにつれ，やがて個々の領域の内的固有法則性 innere Eigengesetzlichkeiten が徹底した仕方で意識されていき，それによって原初的で素朴な関係においてはみえなかった緊張状態が，相互の領域のあいだに現れてきたからである[4]」。このように，ウェーバーは，現世拒否的な宗教の出現という問題を，たんなる宗教史という一分野のそれとしてではなく，宗教と現世の諸領域の原初的な状態から「合理化された」状態への移行過程，すなわち宗教を含むすべての領域における「合理化」の進展によって，個々の領域の「内的固有法則性」が明確なものとなり，その過程において領域相互間の緊張関係が激しいものとならざるをえないという，理念型的に構成された壮大な歴史社会学的ヴィジョンの下での問題として論じていたのである。

宗教と現世との緊張は，さしあたっては「経済」の領域においてもっとも顕著であるようにみえる。原初的な段階においては，呪術と現世的な利益の追求とは密接に結びついていたし，主人と奴隷との関係も純経済的ではなく人格的であったが，宗教の「救済宗教」への純化と経済の合理化とは，次第に両者の緊張関係を強めていかざるをえない。とりわけ，近代資本主義の下でのあらゆるものの商品化，あらゆる経済関係の非人格化という，まさに経済の固有法則性それ自体の純化は，宗教的友愛倫理との緊張と対立とをもっとも激しく強めた。救済宗教は，それ自身「無差別の愛という意味での愛を特殊に非人格化する傾向すら宿していたのに，別の意味

でおなじく非人格的な諸力の展開にたいしては，すなわち，非人格的であることによって独特に反友愛的となる経済力の展開にたいしては，ふかい疑惑の眼を向けているのである[5]」。

　宗教と政治の領域との間にも，経済との関係同様，緊張が尖鋭化せざるをえなかった。原初的な段階においては，呪術や部族，共同体の守り神がそれぞれの団体の利益や勝利を祈ったように，こうした緊張は問題とはならなかった。統一的な世界神を戴く「普遍主義的宗教 universalistische Religion」の登場もまた「世界帝国」の形成を背景としていたが，しかし他方で友愛倫理を強調する方向での宗教の合理化は，政治との緊張を原理上深めざるをえなかった。さらに，この緊張は，経済の場合と同様に，政治秩序の合理化にともなって強められた。「官僚制的国家機構とそこに組み込まれた合理的な政治人は，経済人とまさにおなじく，事象に即して sachlich,「だれかれの別なく」，「憤激も偏愛もまじえず」，憎しみもなく愛情もなく，……自分の仕事を遂行する[6]」。すなわち，経済が近代資本主義の登場にともなってその合理化を遂げていったのと同様に，政治も家父長的支配から近代的官僚制支配に移行するにともなってその合理化を推し進め，そうすることによって非人格的な性格を強め，宗教の友愛倫理との緊張を増大させていったのである。しかも，政治における宗教との対立は，経済とは異なる政治固有の特徴と結びついていた。ウェーバーによれば，「外に向かっても内に向かっても強制手段のむきだしの暴力に訴えるということこそ，およそ政治団体の本性にほかならない」のであり，したがって権力の対外的，対内的な分割の維持や再編こそが，国家理性の絶対的な自己目的とならざるをえない。こうして，「国家理性は，それ自らの固有法則性にしたがう」。この自己目的自体は，倫理や宗教によって正当化されるものではなく，また正当化すべきものでもない。力の行使が勝利をもたらすか敗北をもたらすかは力関係のいかんによって決まることであり，倫理上の「正しさ」のいかんによって決まるわけではないからである。

　興味深いことに彼は，あたかも第一次大戦中のドイツおよび各国における自国擁護論の加熱ぶりを見越していたかのように次のように述べていた。「力のたたかいで対抗しあう集団もしくは権力者が，素朴な原始的英雄主義とはまるでちがうしかたで，みんな大まじめになって，われこそは「正義の士」と名乗りでるという，ほかでもない合理的国家において典型的に

みられる現象も，宗教的合理化の徹底した意識にしてみれば，すべて倫理の猿まねにすぎず，さらに政治の力のたたかいあう場に神を引きずりこむようなことは，神の名の濫用でしかない[7]」。このように，ウェーバーは近代国家が力の行使を試みる際に倫理や神を援用して正当化することを，国家理性の固有法則性からの逸脱とみなしているようにみえる。けれども，そのことは，彼が近代の合理的国家や政治は，その原理において倫理的，宗教的な要素といっさい無関係であるとみなしていたわけでは決してない。それどころか，以下にみるように現実の国家がそうした倫理的，宗教的装いを身に付けようとすることは，ウェーバーによれば，たんなる権力による恣意的な自己正当化ではなく，むしろ「合理化」の生み出すもう一つの政治の「固有法則性」と関連していた。他の世俗の領域とは決定的に異なる政治の独自性に関するウェーバーの考察が開示されてくるのは，まさにこの点をめぐってである。

2－2　戦争についての考察

　ウェーバーは，宗教の領域と政治の領域とがともに完全に合理化されていくと，経済同様互いに対立を深めるが，経済とは異なって，「政治は，決定的なところで宗教倫理と直接に競合する存在として立ち現れることができる」と述べている。経済は確かに宗教と対立した。しかし，その対立はあくまでも経済の非人格性と宗教の友愛倫理との相容れない対立でしかなかった。政治もまた，その合理化を通じて「非人格化」の特徴を強め，そうすることによって宗教との対立を経済と同様に高めた。けれども，政治は，宗教との関係においてたんに相容れないものとしての対立のみならず，宗教の友愛倫理と競合する，しかも直接に競合するいわばライバルとしても対立しえたのであり，それ故にこそ，そこでは宗教との対立が経済よりもさらにいっそう尖鋭的なものとならざるをえない。この意味で，政治に固有な特徴が現れてくるのは，この宗教との競合的対立という独自の関係においてであった。しかも，政治が「宗教倫理と直接に競合する存在として立ち現れる」のは，典型的にはまさに戦争においてに他ならないのである。

　「戦争は，力の脅迫の最たるものとして，まさしく近代の政治共同体のなかに，あるパトス，ある共同体感情をつくりだす。かくて戦争は，戦う者

の献身と無条件の犠牲の共同体 Opfergemeinschaft，さらには困窮者にたいする憐憫と愛情——自然発生的な団体のあらゆる枠をとりはらう愛情——の活動を，大量現象としてよびだしてくる。これは，わずかに友愛倫理の英雄共同体のかたちにおける宗教にしてはじめて拮抗しうるほどのことがらなのである[8]」。確かに，戦争がナショナリズムの昂揚をもたらし，それ故に国民としての共同体感情を喚起することはいうまでもないであろう。しかし，ウェーバーが政治と宗教との競合という視点から戦争の問題を重視したのは，こうしたたんなるナショナリズムの熱狂という現象を思い描いていたからでは必ずしもない。政治が宗教と競合するものとして立ち現れてくるのは，戦争のみが可能にしうるもっと根源的なことがらに関わってのことであったからであり，しかもそれは，後述するように，「合理化の時代」における死と生の問題に関するウェーバー特有の観点ときわめて密接に関連していたからである。

戦争のみが可能にしうる根源的なことがらとは，死への意味付与であり，したがってまた生への倒錯的な意味付与に他ならない。「戦争は，具体的な意味において他のいかなるものもなしえないようなことを，兵士自身にたいしてやってのける。戦争でしか考えられない死の意味，死の尊さというものを，兵士自身に感じさせる」。戦争でしか考えられない死の意味とはなにか。それは普通の死とはどう違うのか。通常，死とは「なぜほかの人ではなくてこの人が，なぜほかのときではなくてこのときに死ぬのかわからぬままに，すべてのひとに襲いかかる定め」でしかない。「避けようにも避けるすべもないこうした死と戦場の死とではどこがちがうかといえば，戦場においては——これほどの規模では戦場においてのみ——個人ひとりびとりが，自分の死はなにかの「ための」死とみつけた，こう信ずることができる点にある」。日常における死が偶然的なものであるのに対して，戦場における死は一つの必然であり，それ故に一つの意味を有するものとなる。さらにこのような死は，そこから逆算して戦死した兵士の生，彼の人生そのものに意味を付与せずにはおかないであろう。先に述べた「犠牲の共同体」とこの「戦友愛と戦死の非日常性 die Außeralltäglichkeit der Kriegsbrüderlichkeit und des Kriegstodes」こそは，友愛倫理や「神聖なカリスマなり神との合一の体験なりの非日常性」に文字どおり拮抗するものであり，だからこそそこにおいて政治は宗教と直接競合するのである。

この戦場での死の意味が，自己の民族や祖国のための死であることはいうまでもない。この点に関して，マリアンネの伝記は興味深い事実を伝えている。それによれば，最初の戦時下でのクリスマスの際に，ウェーバーは野戦病院の負傷兵への祝辞の中で「戦場の死の偉大さ」について語っていた。「平時においては死は理解されざるもの，何としてもそこから意味を汲み取ることのできぬ背理的な運命としてわれわれをおとずれる。われわれはただそれを甘受するしかない。しかし諸君たちは皆，運命が自分に白羽の矢を当てたとき自分が何の故に，何のために死ぬのかを知っている。……われわれの民族の自由と名誉のための英雄的な死は，子供の時代になっても孫の時代になっても意味のある最高の功労なのだ。そのようにして死ぬこと以上に偉大な栄光，それ以上気高い終末はない。そして多くの者にこのような死は，生きていれば得られなかったような完成を与えたのであった[9]」。マリアンネによって伝えられるウェーバーのこうした発言は，文字どおり「中間考察」中の先の文言に一致するものであり，それは改めて「中間考察」と第一次大戦とのつながりを意識させずにはおかないであろう。

しかも，さらに重要なことは，戦争による死への意味付与は，個人の死と生への意味付与にとどまらず，戦争の主体たる国家への意味付与につながっていくことである。すなわち，民族や祖国のために死んだ兵士を英霊として国家が聖化することが，国家それ自体の聖化へと導くからである。「死を意味ある神聖な事象の列に加えることこそ，政治的権力団体に固有な品位を維持しようとする，いっさいの努力の究極の基礎にある作業なのである[10]」。政教分離の原理に立脚する，あるいは「中性的国家」といわれる近代国家が，とりわけ戦争の行使に際して，自らを倫理的あるいは宗教的に神聖化し正当化しようとする理由はそこにある。

戦争による死への意味付与，そしてそれを通じた国家それ自体への意味付与は，先に論じてきた「合理化」の段階における国家の「非人格化」とはどのような関係にあるのであろうか。合理化され官僚制化された国家権力機構が，その国民に対して「だれかれの別なく」，「憤激も偏愛もなく」，機械的に非差別的に，すなわち「非人格的」に対応するものであるとすれば，戦場での死が国民一人一人に対して民族のための死という意味を与え，さらにその死を聖化する儀式を通じて国家と死者とがつながりをもち，し

かもそうすることによって国家の品位が維持され聖化されることは、戦争に奉仕する個々人と国家との感情的な結びつきを回復し両者の間でのいわば人格的な関係をつくりあげることを意味している。とすれば、政治はその合理化の過程において非人格化と人格化との相反する二つの傾向を有するといえよう。戦争は確かに例外状態である。しかし、ウェーバーにとって、対内的にも対外的にも力の威力に訴えることがあらゆる政治団体の絶対的な本質である以上、戦争はその極限的なケースではあっても政治の潜在的な可能態であるといわざるをえない。

　政治がこのように相反する二つの傾向をもつこと、「非人格化」あるいは非宗教的な方向へと進んだ政治が他方で人格化機能や宗教的機能をもつことは、本来の合理的政治からの逸脱を意味するものでもなければ、政治に内在する「パラドックス」を象徴しているわけでもない。現世の諸領域での「合理化」の進展にともなって「非人格化」の傾向が増大すればするほど、人格化の要求も同様に強まらざるをえないからであり、その意味ではこの人格化は「合理化」の一種の必然的な随伴現象なのである。人間の集団や共同体は、非人格的な関係のみでは不十分かつ不安定でしかなく、なんらかの人格的な要素も必要とする。しかも、もう一つの重要な現世の領域である経済が近代資本主義の下で非人格化の傾向を強めている以上、人格的機能の補填は、戦争やカリスマなどを通じて政治が行うしかない。他方で、現世の他の領域である美や性愛はその不合理や反合理故に宗教と競合するだけであり、知性はその合理的知性主義故に宗教と緊張あるいは親密な関係をもつとされている。それ故、「合理化」の下で非人格化と人格化の二面性を強めることによって宗教との間に二重の対立関係をもち、そうすることによってその対立をいっそう尖鋭なものとしていくという政治のあり方は、経済のみならず、他のすべての領域とも異なる文字どおり政治に固有な特徴となるのである。この対立する二つの傾向の共存とダイナミズムこそが、ウェーバーにとっては、まさしく近代における政治の「固有法則性」に他ならなかったのであり、このような政治の捉え方においてこそウェーバーの認識それ自体の固有特徴を見い出せるというべきであろう。

2－3　〈無意味化〉の中の戦争と政治

けれども,「中間考察」における政治についてのウェーバーの考察を以上のように理解するならば,その際に見落とされてならないことは,彼のそうした政治への洞察の背後に近代の文化的状況に関する透徹した歴史社会学的認識があったということ,それどころか,このような認識に支えられてはじめて政治の固有性に関する考察の展開が可能でありえたということ,まさにそうした点においてこそ政治についてのウェーバーの考察のいっそう独自なあり方をはっきりと把握することができるということである。その認識とは,西欧近代における「合理化」の進展が,政治をも含む現世のあらゆる「文化財」の無意味化を不可避的にもたらすとのそれに他ならない。そして,先にみた戦場での死と対比される日常の死の無意味という問題は,この「文化」の無意味ということの必然的な所産として描かれていたのである。

ウェーバーによれば,宗教は救済宗教としての一貫性と体系性とを求めていくにしたがって現世に対する拒否的な立場を原理的に強めていかざるをえなかった。すなわち,現世でのあらゆる幸福と苦難の不平等な配分という現実に対して,宗教はそうした不平等の存在を許す神の意志の弁論(「苦難の神議論」)に努め,同時に不平等からの救済の道を説こうとする。しかし,宗教側におけるこのような試みは,現世の不合理性と非倫理性を強調し,現世の価値をいっそう切り下げ,現世ではなく現世の外に救済の実現を求めていくという方向に宗教を向かわせることとなる。こうして,現世は宗教の倫理的要請からみれば絶対かつ永遠に未完成で罪深いものでしかない。しかも,近代国家や合理的な経済組織などの現世の「文化財」は,最高の価値を世俗の世界で与えられ,あるいは要求すればするほど,宗教からみればいっそう大きな罪を負うものとみなされる。

けれどもいっそう重要なことは,ウェーバーが,現世における合理的な文化は倫理的な罪のしるし以外に,その価値をさらに決定的に減ぜずにはおかないようなある特徴を帯びていると指摘している点にある。その特徴とは「無意味性 Sinnlosigkeit」に他ならない。すなわち,合理化の進展する世界においてますます分化し多様化を遂げる「文化財」は,もはやそれらの所有を目指す個々の「文化人」に対し確かな意味をもたらすこともなく,彼らをたんなるその消費者として,あるいはせいぜいその僅かな微量を生産する者として扱うだけでしかない。それ故,こうした文化の諸条件

においては個人の死は何かの完成を意味するものではなく「無意味」となり，したがってまた彼の生も「無意味」とならざるをえない。「農夫はアブラハムのように「生に満ちたりて」死ぬことができた。封建領主も戦場の英雄もそうであった。かれらは自己の生存の円環軌道をめぐり終えて，この外に出ることがなかったからである」。しかし，今日においてはもはや「生に倦む」ことはあっても「満ちたりる」ことはない。「このように，「文化」はことごとく，有機的にえがかれた自然生活の円環軌道から人間が離脱していくすがたとしてあらわれる。だからこそ文化は，歩一歩，破滅的な無意味性への道を歩むべき宿命をもつ」ようにみえるのである[11]。

ここには，合理化の下で「脱魔術化 Entzauberung」を押し進めてきた西欧近代の「文化人」が，その代償として被らざるをえなかった意味喪失という，近代の文化状況についてのウェーバーのペシミスティックな認識をみることができよう。本論文の問題関心との関連で重要なことは，このウェーバーの周知の認識が，先に述べてきた彼の政治に関する考察，しかもそれと密接に結びついていた戦争に関する考察とつながっていたという事実である。なぜならば，戦場における死が他の死とは異なる意味をもちうるのは，日常的な死が上述したような文化状況によって無意味化されているからに他ならないからである。合理化の下で死が無意味化されるが故に死への意味付与が切実に求められるようになり，その格好の機会を提供する戦争を通じて政治が自らに特別の意味を付与しようとすることになる。すなわち，戦場の死への意味付与がその重要性と切実性とを獲得し，それ故に政治がその非人格化を押し進める一方で同時に人格化の機能を補完することによって，政治が宗教と直接競合してしまうといった一連の状況が生み出されてきたのは，文化の無意味化という「合理化」の帰結を背景にしてのことだったのである。ウェーバーにおける政治についての洞察が，近代の文化状況に対する彼の関心にもとづいていたというのは，この意味においてであった。近代の政治が不可避的に帯びざるをえない固有性に関する彼の認識の独自性は，まさにそこに見い出すことができよう[12]。

けれども，問題はさらに先にある。すなわち，近代の状況において政治がこのような傾向を抗し難く強めていかざるをえないということがウェーバーの基本的な認識であったとすれば，そうした傾向に対してウェーバー自身は現実の政治の中でどのように対応しようと試みたのかという問題が

それである。なぜならば，合理化の下での死が無意味化されるという状況で，人々が戦場での死に意味を見い出そうとし，その死の聖化を国家に求め，他方で合理化の下で官僚制的な統治を推進する国家もすすんでその聖化の儀式を執り行い，そうすることによって国民や民族との人格的なつながりを回復させつつ自らの聖化を国民に要求するという，こうしたことがウェーバーの描いた近代における戦争と政治の一般的な趨勢であったとすれば，そのような傾向がまさに彼の眼前で現実のものとして起き始めたのは第一次大戦においてであったろうからである。それどころか，第一次大戦後の各国において戦死者の祭祀を通じての戦争および戦争体験の神話化が進行したことをみるならば，戦場での死の意義をあれほどまでに崇高なものとして描いているウェーバーの論じ方それ自体，結果的にみれば戦争の神話化に加担していたとさえみることもできよう[13]。したがって，彼がこうした問題を現実の戦争の中でどのように扱い，どのように対応しようとしたのかという点こそが，次に問われねばならないのである。

3 〈政治論集〉と〈宗教社会学〉との間

3-1 〈改訂〉と第一次大戦

「中間考察」において論じられていたような戦争と政治，政治と宗教の問題は，第一次大戦中のウェーバーの政治的評論においてどのように展開されていたのであろうか。そうした視点から彼の『政治論集』を改めてみるならば，まず注目すべき点は，彼の宗教社会学の重要なテーマがプロイセン下院の選挙法改正を主張するウェーバーの重要な論点の一つと関連していたということである。同下院では三月革命後のユンカーとブルジョアとの妥協の産物といわれる三級選挙制という変則的な一種の制限選挙がとられていた。この選挙制は男子の普通選挙を採用してはいたが，第二次選挙人を選ぶ第一次選挙人は納税総額を基準に三つの等級に分けられていたため，全有権者の数パーセントにすぎない高額納税者から構成される第一等級グループが，全有権者の80パーセント以上を占める低額納税者からなる第三等級グループと同じ数の第二次選挙人を選出できたからである。実際，こうした事実上の制限選挙により，ドイツ第二帝政の中で指導的な地位にあったプロイセンの下院では，第一次大戦まで保守党の優勢を可能にし，

すでに帝国議会では大政党となっていた社会民主党の議席数増大をきわめて効果的に阻んでいた。周知のように，ウェーバーは，「ドイツにおける選挙法と民主主義」(1917年) などの一連の時事論文において，第一次大戦中にプロイセン下院の三級選挙制の廃止と平等選挙の即時導入を主張した。それは，大土地所有者の利益優遇をはかる新家族世襲財産法がプロイセン議会に提出されたことを契機として高まった戦時利得者への非難と，ロシアでの革命の発生を契機として広まった革命への恐れを背景とするものであったという点では，この時期にドイツ国内で強まった同選挙制への他の多くの批判と同様ではあった。けれども，ウェーバーの議論の展開の仕方には，それらの批判とは異なる彼独自の興味深い論点がみられるのである。

その独自な論点の一つは，「戦時利得」への「強いルサンチマン」にともなって登場してきた資本主義それ自体への非難に答える仕方で，ウェーバーが改めて提示し強調せざるをえなくなった彼の持論である資本主義論にある。ウェーバーによれば，クルップの戦時利得と「戦争成金の戦時利得」とを一緒くたにして資本主義の撲滅さえ叫ぶ非難は，二つの異なる種類の資本主義間の深い対立を理解していない。その対立とは，「一方は政治的景気だけから，つまり国家調達，戦時資金調達，闇利得，および戦争によって再び著しく増大したこの種の一時的チャンスと掠奪チャンスから活気をうる資本主義と資本主義的冒険の利得と危険，他方は平和時の市民的合理的経営の収益計算との対立」であり，すなわち「掠奪資本主義 Raubkapitalismus」と職業倫理に根ざす「近代資本主義」との対立であった[14]。「この二つの別な種類の資本主義」に関する議論こそ，ウェーバーの『プロテスタンティズムの倫理と資本主義の精神』(1920年) における主要なテーマの一つであったことはいうまでもない。しかしながら，ここで改めて確認しておくべきことは，同書における二つの資本主義に関する重要な部分が，ウェーバーが第一次大戦でのドイツの敗北から彼の死までの短い間に同書の原論文 (1904－05年) に対して集中的に行われたいわゆる大改訂の際に加筆されたものであったということ，そして他ならこの加筆作業それ自体が第一次大戦と関連していたということである。

ウェーバーが改訂を通じて加筆した主要部分の一つは，安藤英治の克明な研究によってすでに明らかにされているように，「近代資本主義論」に関わる箇所であった。『プロテスタンティズムの倫理と資本主義の精神』第一

章の有名な部分，すなわちいつの時代にも存在し国家の債務や戦争を利用して営利の獲得を追求する「冒険」としての資本主義と，ヨーロッパ近代において生まれた市民的・合理的な経済組織にもとづく「近代資本主義の精神」との明確な区別や，第二章後半部の「賎民=資本主義 Paria-Kapitalismus」と結びつくユダヤ教と合理的・市民的な資本主義の精神的起源であるピューリタニズムとの区別といった多くの部分は，加筆によるものだったのである[15]。そしてまた周知のように，これらの加筆は，主にウェーバーの原論文に対するゾンバルトの批判への反論という形で書かれていた。確かに，フッガーやルネサンスの偉才アルベルティなどに，そしてさらにユダヤ教，奢侈，戦争などに近代資本主義の源泉を見い出そうとして次々と資本主義論を展開させていたゾンバルトに対して，ウェーバーは改訂に際して批判的姿勢を強調せざるをえなかったであろう。けれども，そうせざるをえなかった理由は，たんに学問的な立場の違いだけでは必ずしもなかった。

　第一次大戦はドイツの学者の多くを「文化戦争 Kulturkrieg」のキャンペーンに駆り立てたが，ヴェルナー・ゾンバルトはその代表者の一人であり，大戦中に公刊されたパンフレット「商人と英雄」の中で，彼はイギリスとドイツの戦争を，すべてを物質的利益の観点からのみ考える商人と，物質よりも精神を重んじ自己犠牲と勇気を美徳とする英雄との戦いとして描き，ドイツの戦意昂揚に貢献した[16]。こうした商業主義批判は，禁欲にではなくユダヤ教にまで遡る高利貸しや投機を含むあらゆる営利活動を通じて利益の極大化を図るものというゾンバルトの資本主義論の帰結であったろう——彼のもともとの社会主義思想にも由来するこうした彼の資本主義批判やユダヤ教批判は後にナチスとの接近をもたらすまでにいたったといわれる[17]。こうしたゾンバルトの戦争中の言動は，「文筆家」による無責任な戦争キャンペーンを毛嫌いしたウェーバーにとっては目障りなものであったと考えられる。この意味で，二つの資本主義の違いを強調する改訂作業をウェーバーに行わせた〈資本主義精神起源論争〉は，「文化戦争」と関連しあっていたのである。

　ただし，彼自身もゾンバルトと似たような発言を大戦中にしていたことも確かである。よく知られているように，彼は「二つの律法のはざま」（1916年）の中で，この戦争の文化的意義を，「世界権力——すなわち究極

的には,未来の文化の特性を決定する力」が「ロシアの官吏の規則」と「アングロサクソン民族の「社会 society」の慣習」との間で配分されてしまうのを阻止することに見い出しており,その当時はまだアメリカは参戦していないが,その文化を「物質供給の商売を見事な腕前で行っている寄生虫的人間」と呼んでいたからである[18]。それ故,ウェーバー自身も文化戦争と無縁であったというわけではなかった。しかし,彼の批判の矛先はもっぱら「ロシアの膨張欲」に向けられていたのであり,いっそう重要なことに,上述したようにウェーバーとゾンバルトの近代資本主義観は決定的な点で異なっていたのである。

さらに,ウェーバーが危惧したことは,資本主義をあらゆる種類の営利追求と同一視し非難する論調が,たんなる一学者の学説であるのにとどまらず,「文化戦争」のキャンペーンとして,さらに戦時利得に対する一般民衆のルサンチマンの増大を背景として,強く広まりつつあるということであった。そうした論調は,戦後のドイツにおいて合理的な経営組織と労働組織にもとづく「近代」資本主義のさらなる貫徹と発展とを——その「青銅の容器」としての強制も含めて——不可欠とみなすウェーバーにとって,きわめて危険な傾向でしかなかったからである。それ故,『政治論集』にみられるような戦争の結果としての利子生活者の増大と彼らに対する優遇措置へのウェーバーの強い批判は,同時に資本主義に対する安易な非難への彼の反論と,「掠奪資本主義」と「近代資本主義」との区別を欠いた資本主義一般へのルサンチマンに対する警戒心をともなわざるをえなかった。『プロテスタンティズムの倫理と資本主義の精神』の改訂版で加筆された「掠奪資本主義」への強い批判的描写や,「近代資本主義」との混同を再三にわたって戒める執拗な表現の背後には,〈資本主義精神起源論争〉への対応ばかりではなく,こうした戦争中の国内動向に対するウェーバーの関心が反映されていたのである。このようにみるならば,『プロテスタンティズムの倫理と資本主義の精神』の改訂それ自体が他ならぬ第一次大戦と少からぬ関わりをもっていたといえるであろう。

3−2　戦争と民主主義の問題

合理的な経済組織と労働組織の発展こそが戦後のドイツの将来を左右する死活問題であるとみなすウェーバーは,それ故にこそ「この合理的労働

の担い手たちに少なくとも最小限の政治的影響力が与えられること」が「絶対的な政治的必要事である」との理由から，プロイセン下院における平等選挙の導入を主張した。けれども，ウェーバーによれば，これは平等選挙を擁護する消極的な理由でしかなかった。そして，その積極的な理由の主張の中で戦場での死の問題が再び登場していた。彼の議論の独自性はまさにその点をめぐって展開されていたことにあり，しかもその問題は「中間考察」とは異なる視点から論じられていたのである。

ウェーバーのいう積極的な理由は，平等選挙権が「人間の自然的「平等」に関する理論」と関係があるからではなかった。むしろ，彼にとってその理由は，「現代国家そのものが新たに作り出したあの一種の運命の平等と密接に関係している」のである。現代国家が市民に提供する平等とは，「肉体的な安全と生きていくための最低生活」の保障という意味での平等と，「死に赴く戦争」であった。この生と死の「平等」は，平等選挙という政治的平等を与えざるをえない。なぜならば，過去における政治的不平等は「経済的に条件づけられた軍隊における資格の不平等に起因」したからであり，したがって現代の国家と軍隊では，その官僚制化と平準化とによって，こうした不平等の存在はもはや許されないからである。それだけではない。この現代国家の官僚制の支配の下では，人々が福祉もしくは徴兵の対象として平準化され管理されてしまうことは避けられない。それ故，ウェーバーにとって平等選挙を擁護する積極的理由であり，そしてきわめて彼独自なものといえる理由は，平等選挙こそがこうした平準化への抵抗となりうることにあった。「結局は，投票用紙がこの支配に対抗する唯一の権力手段」であり，「投票用紙という権力手段によってのみ，彼らが死に赴かねばならないかの〔政治的運命〕共同体の諸々の業務を共同で決定する権利の最小限を握ることができるのである」。この意味で，三級選挙制を維持するプロイセンの政治制度は，現代国家の基準を充たしていないということになる。しかも，戦争，それも未曾有の大戦争が勃発し，それにともなって敵国で革命まで起きている以上，ことは緊急を要する。「兵士たちが帰還したときには，正式な政治的権利の秩序がすでにでき上がっており，彼らが実質的な国家構造の再建にただちに着手することができるようにしておかねばならない。これがプロイセンにおける平等選挙法とこの平等選挙法の即時実施を，まさしく今日──戦争終結の前に──擁護する実際的な

決定的論拠である[19]」。

　以上のように，ここでは戦場での死の問題が，死への意味付与という観点からではなく，古代ギリシャにおける重装歩兵民主主義という軍事史的事実を背景にしながら現代国家の下での徴兵制という意味での死の平等性という観点から扱われている。しかも，さらに注目すべきことは，戦争が兵士に与える影響についてもまた，ここでは「中間考察」とは異なった仕方で論じられていた。帰還兵士に投票権を与えることは，彼らだけがもっている戦場での体験や感情が選挙に持ち込まれることを意味する。ウェーバーによれば，彼らから期待できるその経験とは，「即物性 Sachlichkeit」であった。なぜならば，「現代の戦争が課する課題は著しく即物的だからである」。ウェーバーにとって，それは国内の文筆家たちの空文句に象徴される非即物性への有効な対抗となりうるものであった。このように，ウェーバーは，ここでは戦場という非日常性がもたらすあの「犠牲の共同体」や激しく昂揚した非合理的な感情ではなく，それとは対極的なものを現代の戦争に固有な経験として描いていたことになる。それは，現代の戦争の特徴に関するウェーバーのもう一つの洞察を示すものであったといえるであろう[20]。

　これらのことは，ウェーバーが戦場での体験や死の問題について，ここではもっぱら平等選挙擁護という観点から「中間考察」とは異なる側面をあえて強調していたことを意味している。すなわち，戦争経験の非日常性よりも「即物性」が，民族や国家のためという死の運命共同体的な意味付けよりも，死の平等性にともなう政治的平等性が，そして官僚制的平準化への抵抗としての投票権が強調されていたのである。彼が帰還兵士の「即物性」をそのようにことさら強調した理由の一つは，もちろん労働者大衆に投票権を与えることへの保守派の警戒心を，そして革命への彼らの恐怖心を配慮してのことではあったに違いない。しかし他方で，ウェーバー自身が政治に情緒的な要素を持ち込む大衆および大衆民主主義の潜在的危険性について危惧していたこと，それ故にこそ民主主義のみならず同時に統一的な指導を保証する議会主義の必要性について力説していたこともまた確かである。しかも，「中間考察」での分析が示しているように，彼は，そうした情緒性がとりわけ戦争という極限ケースにおいては，その非日常性によって，いっそう強まり増幅せざるをえないと考えていたはずであった。

そうであるからこそ，彼は，戦場での死が兵士に対してもつ意義を重視するが故に，彼らがその死の目的とする国家や民族への一体化を強めるばかりではなく，文字どおり政治的運命共同体の共同決定者の一員となるよう投票権を獲得し，その権利を「即物的」に行使することを帰還兵士に対して望んだのであり，国家の側に対しても，戦死者の聖化によってだけではなく，帰還兵士に政治的平等を認めることによって，自らの「品位」を維持することを強く要求したのである。この意味で，ウェーバーは，「中間考察」における合理化の下での政治の固有法則性がもつ傾向，とりわけ政治の宗教との競合化，さらにはその擬似宗教化の側面を凝視しつつ，ドイツの政治制度の民主化と議会主義化の不可避性を訴えることによって，第一次大戦のさなかにあって戦争や政治の神話化ではなく，その「脱魔術化」を意図したといえるであろう。ウェーバーの〈宗教社会学〉での考察が第一次大戦においてどのように具体的に展開されていたかの一例をみることができるのは，まさにそこにおいてである。

3－3　再び宗教と政治をめぐって

　最後に，ウェーバーの〈宗教社会学〉と〈政治論集〉とのもう一つの接点を指摘しておかねばならない。それは，「二つの律法のはざま」での周知の議論にみることができる。そこにおいて，ウェーバーは「権力国家として組織された国民の歴史的責任」，すなわち大国としてのドイツに要求される義務と悲劇を強調し，それらに無理解な平和主義を容赦なく批判した。しかし，戦争を拒否する平和主義の中でも，トルストイにみられるような福音の立場については，そうした批判から除いていた。彼によれば，福音は，戦争のみならず「この世界が世俗的「文化」の世界，したがって「被造物」の美，尊厳，名誉，偉大さの世界たらんとするときには，究極的には現世のいっさいの法則にたいし反対の立場」に立つ。この立場こそは，「中間考察」の中で政治的領域との緊張を原理的に解消しうる二つの宗教の一つとして登場していたものに他ならなかった。

　ウェーバーによれば，経済の領域と同様，政治の場合においても宗教が世俗の反友愛的傾向との「緊張から原理的・内面的に逃れる方法」は，一貫した形としては，「ピューリタンの職業的禁欲」と「無差別の愛と友愛とをともなう神秘的救済追求」の二つであった。前者は「物化した経済世界

をも神の欲し給うた世界であり義務遂行のための素材であるとして受け入れ」，また同様にこの世に神の意志を強制するために暴力という手段さえも受け入れることによって，かの緊張を解消してしまう。しかし，この解消は，救済を差別化する予定説にもとづいているために，本来万人に達成されるべき救済の原理上の放棄を，すなわち友愛倫理の放棄という代償をともなうものであった。これに対して，後者はその「愛の無差別主義 Liebesakosmismus」によって友愛倫理を失わない代わりに，その極端な反営利主義と，そして「悪に手向かうな」，「他の頬をも向けよ」といった格率にしたがう「反政治主義 Antipolitismus」に徹することにより「現世逃避」とならざるをえないとされる[21]。

　前述したように，「二つの律法のはざま」においても，この後者の福音の立場，とりわけトルストイのそれが反政治的なものとして登場する。ウェーバーは，「名誉」のために，そして「運命によって定められた自国民の歴史的義務のために闘う」ことは，「人間対人間の闘争の別な形態」である「無慈悲な経済的生存闘争」のような「意味のない」闘争ではないと述べて，経済などの他の世俗の領域とは異なる政治固有の栄光と悲劇性を強調しつつ，そうした名誉や偉大さも現世拒否の立場からは無意味でしかないと論じる。しかし，それに続けて彼は次のように述べていた。「これについて一貫した態度をとらないものは誰でも，権力闘争の可能性と不可避性をいつかは内包する現世の法則に自分が結びついていること，およびこの法則の内部でのみ「日々の要求」をかなえることができるということを知っておくべきである」と。「なぜなら，権力国家の財に参加するものはすべて，全政治史を支配している「権力-プラーグマ」の法則に巻き込まれるからである[22]」。

　ここでは，一貫した宗教的信念からする現世拒否の反政治的な立場と権力闘争の不可避性への直視が要求される政治との相容れない緊張関係が強調されることによって，一方では政治という価値が相対化されると同時に，他方でその相対化を通じて政治の不可避性と固有な価値がかえって際立たされているといえよう。しかも，この政治の不可避性は，大国ドイツの「歴史に対する責任」とその悲劇性を負うことによって正当化されていた。しかし同時に，そうしたウェーバーの態度は，国家の尊厳や名誉といったいっさいの政治的文化財は合理化の下での「無意味」化を免れることができ

ないという「中間考察」でのあの冷徹な認識によっても貫かれていたのであり，それにもかかわらず，あるいはそれ故にこそ彼は「ザッヘ」への専念を自らに強いたのである。

周知のように，この文化の無意味性という問題は，1917年に行われた講演「職業としての学問」の中で再び取り上げられていた。それは，ウェーバーが第一次大戦の最中においても〈近代〉の文化状況の問題を直視していたことを示している。それだけではない。そこでは合理化の帰結としての「文化人」の死の「無意味性」が，他ならぬトルストイの言葉として提起されていたのである。そのことは，ウェーバーが大戦争という未曾有の極限状況の中で福音の立場からする政治への原理的批判をいっそう強く意識せざるをえなかったことを，そして近代の世界が文化的には「無意味な破滅への道を歩むべき宿命をもつ」という，すでに戦前からあった危惧の念をいっそう強めずにはいられなかったことを意味している[23]。そうした危惧は，同時に大戦によって同様に強化されたウェーバーにおける強烈な祖国愛のパトスとの間の葛藤や矛盾を強めることとなったであろう。しかし，いずれにせよそのような葛藤は，ウェーバー以後の「塹壕世代」において支配的となった政治に対する極度の愛憎という感情の激流の中に消えていくほかなかったのである。

（１） この時期の伝記的事実については，Marianne Weber, *Max Weber: Ein Lebensbild*, München, 1926（大久保和郎訳『マックス・ウェーバー』みすず書房，1965年）の第16章を参照。以下の引用も同様である。
（２） Wolfgang J. Mommsen, *Max Weber und die deutsche Politik 1890-1920*, Tübingen, 2. Aufl., 1974, S. 209. 安世舟，五十嵐一郎，小林純，牧野雅彦訳『マックス・ヴェーバーとドイツ政治　1980～1920』II，未来社，1994年，366頁。
（３） この点については，モムゼンの前掲書，第７章，およびこの分野での近年の優れた研究である今野元『マックス・ヴェーバーとポーランド問題』東京大学出版会，2003年を参照。
（４） Max Weber, Zwischenbetrachtung: Theorie der Stufen und Richtungen religiöser Weltablehnung, in: Horst Baier, M. Rainer Lepsius, Wolfgang J. Mommsen, Wolfgang Schulchter, Johannes Winckelmann (Hrsg.), *Max Weber Gesamtausgabe*, I/19, Tübingen, 1989, S. 485. 中村貞二訳「宗教的現世拒否の段階と方向の理論」（安藤英治訳者代表『世界の大思想II－7：ウェーバ

―宗教・社会論集』河出書房，1968年，所収）163頁。なお「中間考察」の原文についてはアルヒーフ版と1920年版との間に一部字句の修正や加筆等がみられるが，ここでは本稿での議論にとくに支障がないと思われる範囲で1920年版を使用した。また，日本語訳の引用においては訳文を一部変更している場合があることを断っておく。

(5) *MWG*, I /19, S. 488-489. 中村訳，165頁。
(6) *MWG*, I /19, S. 491. 中村訳，167−168頁。
(7) *MWG*, I /19, S. 492. 中村訳，168頁。
(8) *MWG*, I /19, S. 492. 中村訳，169頁。
(9) *Lebensbild*, S. 535-536. 大久保訳，401頁。
(10) *MWG* I /19, S. 493. 中村訳，169頁。
(11) *MWG*, I /19, S. 518-519. 中村訳，187−188頁。
(12) ウェーバーのこのような政治についての考察とカール・シュミットのそれとの関係を考察することは，ドイツ近現代史のみならず20世紀全体に関わる政治思想史上の重要なテーマといえるであろう。けれども，この興味深い問題に立ち入る余裕はここではない。さしあたり以下の文献を参照。Gary L. Ulmen, *Politischer Mehrwert: eine Studie über Max Weber und Carl Schmitt*, Weinheim, 1991; 佐野誠『近代啓蒙批判とナチズムの病理』創文社，2003年。なお，ウェーバーの政治論を，本稿と同様彼の宗教社会学的考察を中心に検討したものとして，野口雅弘『闘争と文化　マックス・ウェーバーの文化社会学と政治理論』みすず書房，2006年，がある。
(13) 第一次大戦における英霊祭祀とナショナリズムの問題については，George L. Mosse, *Fallen Soldiers: Reshaping the Memory of the World Wars*, Oxford, 1990（宮武実知子訳『英霊　創られた世界大戦の記憶』柏書房，2002年）を参照。
(14) Max Weber, Wahlrecht und Demokratie in Deutschland, in: *MWG* I /15, 1984, S. 356-357. 中村，山田高生，林道義，嘉目克彦訳『政治論集』I，みすず書房，1982年，271−272頁。
(15) この問題については，安藤『ウェーバー歴史社会学の出立』未来社，1992年，を参照。また改訂内容を把握できるよう工夫された翻訳としては，梶山力訳・安藤編『プロテスタンティズムの倫理と資本主義の《精神》』未来社，1994年，がある。
(16) 大戦期のゾンバルトらドイツ知識人による戦争キャンペーンについては, Fritz K. Ringer, *The Decline of the German Mandarins*, Cambridge, Massachusetts, 1969（西村稔訳『読書人の没落』名古屋大学出版会，1991年）を参照。
(17) この点については，上山安敏『宗教と科学　ユダヤ教とキリスト教の

間』岩波書店，2005年，220－231頁を参照。
- (18) Max Weber, Zwischen zwei Gesetzen, in; *MWG* I /15, S. 96-97. 中村他訳，162－163頁。
- (19) *MWG* I /15, S. 371-374. 中村他訳，287－289頁。
- (20) ルカーチが，同様に戦争体験の「ザッハリヒカイト」について，しかしウェーバーとは異なる観点から論じていたことに関しては，西永亮「「文化戦争」から「文化革命」へ」（日本政治学会編『平等と政治』木鐸社，2006年，所収）を参照。
- (21) *MWG*, I /19, S. 493-494. 中村訳，170頁。
- (22) *MWG*, I /15, S. 98. 中村他訳，164頁。
- (23) Max Weber, Wissenschaft als Beruf, in: *MWG*, I /17, 1992, S. 87-88. 尾高邦雄訳『職業としての学問』岩波書店，1980年，33－35頁。また，「中間考察」中の「文化人」の死の無意味性に言及している箇所には，1920年版で長い加筆が付されていた（注（11）の箇所を参照）。

書かれざる「戦争の政治学」
―― アレント革命論の理論的射程 ――

川原　彰*

「『はじめに言葉ありき』という聖ヨハネの最初の一句が人間を救済するための真実を語っているとすれば，『はじめに犯罪ありき』――「自然状態」という言葉はそれを理論的に純化して言いかえたものにすぎない――という信条は，人間事象の状態を示すうえで，幾世紀ものあいだ，この聖ヨハネの言葉と劣らないほど自明の真実を語りつづけてきたのである。」

(Arendt, 1963 [2006]: 10＝1995: 24-25)

はじめに――『革命について』の理論的射程

「これまで，戦争と革命が20世紀の様相をかたちづくっていた。」このあまりにも著名な文章ではじまる，ハンナ・アレントの代表作『革命について』(Arendt, 1963 [2006]＝1995) は，すでに多くの版を重ねている。1963年に刊行された英語原書は，2006年にはジョナサン・シェル (Jonathan Schell) の手になる解説を付した新版が刊行された。この解説では，20世紀最後の四半世紀に起きた「民主革命の波」(1970年代半ばの南ヨーロッパの民主化から1989年東欧革命に至る民主化の「第三の波」) の歴史的経験に照らして，もはや「アレント的革命」(The Arendtian Revolutions) 概念が検討されている (Arendt, 1963 [2006]: xi-xxix)。

1989年東欧革命を先導したポーランドの「連帯」運動および独自の「市民社会」論の展開[1]は，あらためてアレントの『革命について』の新しい読み方を要請している。こうした試みについては，筆者もすでにその一部

---

*　中央大学法学部教授，現代政治理論・比較政治学

は,『現代市民社会論の新地平——《アレント的モメント》の再発見』(川原, 2006) という形で発表したことがある。同書でも議論したように,アレントは,「戦争と革命の世紀」としての20世紀における「全体主義の時代経験」をアクチュアルに検討し,「革命の失われた宝」を新しい政治理論の核として再興させようと試みた。アレントが反全体主義のために存在論的に構成した政治理論とは,端的に言うと,「マルチチュード(多数－多様性)」(multitude) の「政体構成的権力」(constitutional power) によって,間欠泉のように歴史のなかで湧き出してくる公的空間(＝政治空間)の水脈を「記憶」しようと試みる「叙事詩的(エピック)」な政治理論であった。

　アレントが,アメリカ独立革命に託して再発見しようとした公的空間再興の契機,すなわち《アレント的モメント》は,アレントが評議会制として同時代に評価したハンガリー動乱以降も,60年安保,公民権運動,プラハの春,新しい社会運動,「連帯」運動,反グローバリズム運動……と,20世紀後半から21世紀にかけての様々な局面において再発見されてきた。こうした位相を異にする多様な運動を貫いている一つの志向性こそ,「自由の新たな公的空間」の水脈にほかならない。アレントの『革命について』は,この「自由の新たな公的空間」の形成に基づく非暴力的な革命を求めるテキストとして,常に変革の現場で読まれてきた(川原, 2006:第2章)。

　このテキストが初めて日本に紹介されたのは,学園紛争の嵐が吹き荒れた1968年のことであった。このテキストの序章,第1章を収録したアンソロジー『政治的人間』(永井, 1968) の解説を書いた永井陽之助は,いちはやくアレントの「戦争と革命」論に着目していた(永井, 1968: 5‐52)。

　　　政治の極限にひそむ暴力の実存から逆算して,「政治なるもの」に肉薄し,混沌から秩序を構想する実存主義的な政治思想は,17世紀のイギリスの生んだ独創的な政治哲学者,トーマス・ホッブズ以来,現代に至るまで,第一級のリアリズム政治思想を触発してきた発想の起点であった。

　　　ハンナ・アレントは,沈黙の言葉である暴力を,「政治の極限的な現象」ととらえ,逆に言語を操作する動物としての人間の政治性をあきらかにした。それと同様に,カール・シュミットもまた,戦争の理論や革命の理論は,けっきょく暴力の正当化の問題にほかならないこと,

いいかえれば，政治における「暴力行使の限界づけ」の問題に核心があることをよく認識していた（永井，1968：14-15）。

奇妙なことに『革命について』の白眉とされる第6章「革命的伝統とその失われた宝」を，永井はアンソロジーに加えていない。ここから，永井はアレントを比較的リアリズムの系列でとらえており，それは，アレント解釈として興味深い。こうした視点では，アレントの共和主義的なモメントを見過ごしている恨みが残るが（川崎，2006：85-91），「政治の極限にひそむ暴力の実存から逆算して，『政治なるもの』に肉薄し，混沌から秩序を構想する実存主義的な政治思想」の代表としてアレントの政治理論を位置づけている点が着目される（永井，1968：14-15）。

暴力を公分母とする「戦争と革命」の問題に着目するアレントが，『革命について』と『暴力について』（Arendt, 1972=2000）という代表作を著しながら，あえて『戦争について』という著作を著さなかったのはなぜなのか。アレントの政治理論における「戦争」の位置づけをあらためて考え直してみることで，彼女が「戦争の政治学」をあえて著わさなかった理由を，その政治理論の構造を明らかにすることから解明してみたい。

1　書かれざる「戦争の政治学」の謎

『革命について』の序章として書かれた「戦争と革命」という短い文章は，この本の序章としては奇妙な位置にある。この章だけが，タイトルの通り，「記録されている歴史」のなかで「大きな役割」を果たしてきた「戦争と革命」の関係を論じている。この序章は，次のような文章からはじまる。

> これまで，戦争と革命が20世紀の様相をかたちづくっていた。事件がいろいろ起こったのは，レーニンのかつての予言を，大急ぎで実現するためだったかのようである。たしかに民族主義と国際主義，資本主義と帝国主義，社会主義と共産主義のような19世紀のイデオロギーを主義主張として掲げている人びとは依然としてまだ大勢いるが，これらのイデオロギーはもう現代世界のリアリティの大勢からはかけ離れている。これに反して戦争と革命は，今日もなおわれわれの世界の二つの重要な政治課題となっているのである。つまり，戦争と革命を

正当化するイデオロギーがすべて死に絶えたのちにも，戦争と革命そのものは生きのびている（Arendt, 1963 [2006]: 1＝1995: 11）。

こうして，20世紀に生きのびた戦争と革命の問題は，レーニンの予言によって「戦争か革命か」の究極の選択のヴァリエーションとなった。より正確に言えば，「世界戦争か共産主義革命か」という20世紀の様相を決定した《レーニン主義的問題構成》の誕生である。

なるほど革命によって全人類を解放したいという希望のおかげで，諸国民は次から次へと急速に「地上の諸権力のなかで，自然法と自然神の法が彼らに与えた独立平等の地位につく」ようになった。ところで今や，このような革命による全人類の解放という希望に対して，戦争による人類絶滅の危機という状況のなかでは，戦争の大義名分はただ一つしかない。その一つとは，もっとも古くからあるもの，実際，人間の歴史のはじまりから政治の存在そのものを決定しているもの，つまり，暴政（tyranny）に対する自由という大義名分である（Arendt, 1963 [2006]: 1＝1995: 11-12, 傍点＝筆者）。

1963年にこの文章が書かれた冷戦の真っ只中では，キューバ危機に象徴される第三次世界大戦への危険性がきわめて現実性を帯びていた。「レーニン主義に対抗するウィルソン主義」というデモクラシーの正統性をめぐる闘争を機軸にすえて，核兵器を所有する超大国が対峙するという「冷戦構造」のもとでは，自由の観念をめぐって奇妙にねじれた思想状況が生まれた。

すべてのものを裸にしてしまう現代の「諸科学」，心理学と社会学の一斉攻撃のもとでは，実際，自由の概念ほど簡単に葬り去られていると思われるものはほかにないのだから。たとえば革命家は，自由の概念なしには理解はおろか論じることさえできない一つの伝統のなかに安全に，動じることなく，根を下ろしていると思われるかもしれない。しかし，その彼らにしてから，過去，現在を問わず，常に自由こそ革命の目的であるということを認めず，むしろ自由とは下層中産階級の

偏見にすぎないとして，それを非難するにちがいない。自由という言葉そのものが革命家の語彙から消えてしまったというのは，たしかにおどろくべきことであった（Arendt, 1963 [2006]: 1-2 ＝1995: 12）。

　20世紀の革命理論は，特に〈ルソー＝ジャコバン・パラダイム〉に依拠する革命理論は，基本的に「自由への強制」というルソー独自の「積極的」自由概念に基づいているため，「全人類の解放」というユートピア的目標と，手段としての「組織的暴力」が結びついたとき，容易に「全体主義」へと転化したのである。「スターリン体制」という20世紀の「暴政」に抗する自由は，1963年の冷戦構造の下では，一方では東側共産主義陣営の内部ではハンガリー動乱（1956年）に象徴される自由化・民主化運動のシンボルとなり，他方では東側共産主義陣営の「全体主義」支配に抗して自由世界の防衛を求める西側「自由民主主義」陣営のシンボルとなっていた。
　しかし，それに劣らずアレントが「驚嘆」していたのは，「最近，自由の観念が逆に現代のもっとも重要な政治論争，つまり戦争と暴力の正当な行使にかんする議論の中心に据えられている」ことなのである。「記録されている過去のうちでもっとも古い現象に属する」戦争において，「戦争の目的が自由の概念と結びついたのは，ほとんど稀」なのである。ここから，アレントは「戦争の正当化の理論的水準」の問題に焦点をあてることになる（Arendt, 1963 [2006]: 2＝1995: 12）。
　つまり，戦争問題と自由の観念との関係の歴史をさかのぼってみると，戦争の「正当化の明白な前提条件の一つは，正常な過程にある政治関係は暴力の支配に屈しないという確信」なのである。この確信が存在したのは，「ポリスは暴力ではなく，もっぱら説得にもとづく生活様式である」とする立場をとっていた古代ギリシアであった。しかし，ギリシア人の「政治生活の範囲は本性上，ポリスの城壁を超えるものではなかった」ので，城壁＝ノモス（法）の範囲の政治領域と，ポリス外の「国際関係」の領域とでは明確な区別があり，後者の領域では暴力の行使を正当化する必要がなかったのである（Arendt, 1963 [2006]: 2＝1995: 13）。
　それに対して，古代ローマにおいて「戦争にかんする最初の正当化」が行われた。それは，ローマ人が戦争を「正義の戦争」と「不正義の戦争」に区別し，正当化しようとしたからである。しかしまだ「自由とは関連が

なかったし，侵略戦争と防衛戦争のあいだにも一線が画されていなかった」ために，以後，権力政治では「必要な戦争」は常に「武力による解決に訴える正統な動機として認められていた」のである（Arendt, 1963 [2006]: 2-3＝1995: 13-14）。だからこそ，第一次大戦の画期性に着目する次のアレントの議論が重要性を帯びるのである。

> 侵略は犯罪であって，戦争を正当化できるのは，侵略を防いだり阻止したりする場合にかぎられるという観念が実際面で意味をもち，また理論面でも重要になってくるのは，ようやく第一次大戦になって，現代技術の条件のもとで戦争の恐るべき破壊的な潜在能力が示されてからのことであった。……忘れてはならない重要なことだが，自由の観念が戦争問題の論争にとりいれられるようになったのは，破壊手段を合理的に使用することができないほど技術発展の段階が進んで，そのことがようやくだれの眼にもまったく明らかになってからのことである。いいかえれば，自由は，合理的根拠をもってしてはもはや正当化できなくなった事柄を正当化するために，まるでギリシア劇の土壇場にあらわれる救いの神のように，この論争のなかに姿をあらわしたのである（Arendt, 1963 [2006]: 4-5＝1995: 14-16）。

ここから，アレントは自由の観念との関係で戦争問題を論ずるにあたって，「戦争が消滅してゆく傾向を示す兆候」を以下の3点に読みとっている（Arendt, 1963 [2006]: 4-7＝1995: 16-19）。

①総力戦の一種としての第一次大戦以降，兵士と民間人の区別が考慮されなくなり，軍隊が民間人を守り防衛するという軍隊の機能が実行されなくなる点。
②第一次大戦終結以降，戦争の敗北後に存続しうるほど強力な政府・国家・統治形態が存在しないことが承認されている点。
③冷戦期の「抑止」戦略の導入によって，戦争の性格そのものが根本的に変化し，軍隊の目標自身が，戦争を不可避とするような兵器の開発に変わった点。

アレントは，このように第一次大戦という「総力戦」の登場が，第二次大戦，冷戦という「世界戦争」の時代への道を切り拓いてしまったという20世紀の戦争の政治的意味を検討したうえで，最後に，この文脈における「戦争と革命の相互関係」の問題という，この序章の最大の論点に突入する。つまり，20世紀の戦争の政治的意味が浮かび上がるとき，あらためて20世紀における戦争と革命の「転換の関係と相互依存の関係が急速に発展し，しかも，この相互依存のなかで重点がますます戦争から革命のほうに移ってきている」という「重要な事実」が明らかになるのである（Arendt, 1963 [2006]: 7＝1995: 20）。この事実とは，20世紀になると「戦争の激情は，革命が解き放った暴力のたんなる序曲であり準備段階にすぎなかったように思われる」ロシア革命のような場合もあれば，「あるいは反対に，世界戦争が革命の結果であり，地球全体をまきこむ一種の内乱のように見える〔第二次大戦のような〕場合もある」ということである（Arendt, 1963 [2006]: 7＝1995: 20）。

こうした「戦争」と「革命」を理論的にも実際的にも区別することは必要であるものの，アレントが重視する「単純な事実」とは，「暴力の支配ということを無視しては革命も戦争も考えることさえできない」ということである。まただからこそ，暴力の支配が「この両者を他のあらゆる政治現象から区別していることにも注目しなければならない」のである（Arendt, 1963 [2006]: 8＝1995: 21）。

> 戦争がこれほど簡単に革命に転化し，逆に革命が戦争への道を開く不吉な傾向を示している理由の一つは，暴力がこの両者の一種の公分母となっているからだということは否定できないだろう。第一次大戦で解き放たれた圧倒的な暴力は，実際，たとえ革命的伝統がなく，それ以前に革命が一度も起こっていなかったとしても，結果として革命をひき起こすのに十分だっただろう（Arendt, 1963 [2006]: 8＝1995: 21-22）。

アレントが最大の関心を寄せた「第一次大戦で解き放たれた圧倒的な暴力」こそ，彼女にとっては「あらゆる政治現象から区別」されるものであった。ここにアレント独自の視点が示されることになる。世界戦争の登場

による「地球全体をまきこむ一種の内乱」(アレント)とは，同時代の公法学者カール・シュミットの言う「世界内戦」状況にほかならない。「政治的なもの」の概念を，友－敵を分かつ境界線を引く行為だとするシュミットは，第一次大戦時の戦争テクノロジーの更新に伴う「戦争空間の拡大」の問題に突き進む2。アレントによって「戦争が消滅する兆候」として論じられた3点は，シュミットからすれば，逆に戦争が「パルチザンの理論」に支配されていく問題であった。ナポレオン戦争時に現れた非正規軍の存在は，20世紀の戦争空間の拡大（とそれに伴う兵士と民間人の区別の困難化）により，戦争の不可欠の要素となった。世界戦争の谷間に起こったスペイン内乱から1960年代のベトナム戦争で確認された"パルチザン＝ゲリラ戦"という戦争形式が戦争の内戦化を亢進させたことに着目するシュミットは，20世紀の戦争の歴史に基づく，ある種の「戦争の政治学」を展開している（Schmitt, 1963＝1997）。

それに対して，アレントの「政治的なもの」の概念は，古代ギリシアのポリスの生活に基づく「言葉の力」による対話的な活動のイメージに基づいている。「人間は，政治的存在であるかぎり，言葉の力を与えられている」と想定するアレントにとっては，当然，「暴力は政治的領域では限界現象」となる。暴力と権力を区分するアレントにとっては，言葉を発する人間の能力に基づく力＝公的な事柄（res publica）について議論し，共同性を形成する力こそが政治的な力であり，「沈黙」が支配する暴力は前政治的な力なのである（Arendt, 1963 [2006]: 8-9＝1995: 22）。

　　ここで注意すべき点は，暴力それ自身は言葉を発する能力をもたないということであって，ただたんに，暴力に立ちむかうとき言葉は無力であるということだけではない。この言葉を発する能力をもたないという性格ゆえに，政治理論は暴力現象については何もいうことがなく，議論をその道の専門家に委ねなければならないのである。実際，政治思想は政治現象があらわにする明瞭な言葉そのものを追うことができるだけであり，依然として人間事象にあらわれる事柄に限定されているのである（Arendt, 1963 [2006]: 9＝1995: 22. 傍点＝筆者）。

この「政治理論は暴力現象については何もいうことがない」というアレ

ントの宣言と，常に戦争・革命・内戦といった「例外状態」の暴力から政治を考えていくシュミットの公法理論とは，同じコインの裏表となっている。シュミットがある種の「戦争の政治学」のテキストとなり，反対に，アレントが「戦争の政治学」を直接書かないのは，以下の理由による。

　　戦争の理論や革命の理論が暴力の正当性の問題をともかく扱うことができるのは，ただこの正当性の問題が政治の限界をなしているからにすぎない。もし，その限界を超えて，暴力それ自体を賛美し正当化するにいたるなら，それはもはや政治ではなく反政治である（Arendt, 1963 [2006]: 9=1995: 23）。

　アレントは，この「政治」と「反政治」との間のグレイ・ゾーンを考察し，政治の側からその限界状況を考察している。「戦争と革命は記録されている歴史のなかで大きな役割を果たしている」とはいえ，「その双方においてともに暴力が支配的な役割を果たしているかぎり，両者とも厳密にいえば政治の領域外で起こっている」のである。したがって，戦争状態は政治理論の直接的な対象ではない（Arendt, 1963 [2006]: 9=1995: 23）。
　しかし，アレントの政治理論はこの事実から構成されることになる。つまり，戦争と革命は「政治の領域外」の現象であるがゆえに，「戦争と革命を経験した17世紀に『自然状態』と名づけられた前政治状態の仮説が導入された」ことに意味があった。なぜなら，「自然状態という観念は，少なくともある一つのリアリティを暗示している」点に着目しているからだ。つまり，「19世紀的な発展の観念というのは，これを因果関係の形式，可能性と現実性の形式，弁証法的運動の形式，存在の単純な整合性や連続性の形式など，いろいろな形式において考えられようが，自然状態の観念は，そのような19世紀的な発展の観念によっては理解できないようなリアリティを暗示している」からである。このリアリティにこそ，アレントの政治理論という試みの独創性が存在している。というのも，「自然状態の仮説は，そのあとにつづく一切のものからまるで渡ることのできない亀裂によって切り離されているようなはじまり（a beginning）の存在を意味として含んでいるから」なのである（Arendt, 1963 [2006]: 9-10=1995: 23-24）。この「はじまりの存在」こそが，アレントの政治理論という試みのアルファであ

りオメガでもある。

2 「はじまりの政治理論」のはじまり

　アレントの政治理論は，このはじまりの問題がなぜ暴力と密接に結びついているのかを探求するものである。アレントの『革命について』は，序章「戦争と革命」で上記のような議論を行った後，第1章「革命の意味」の冒頭で，唐突に「本書では，われわれは戦争の問題に触れない」(Arendt, 1963 [2006]: 11＝1995: 27) と述べ，以後一切触れなくなる。これは，アレントの考えでは，戦争ははじまりをもたらさないからである。つまり，「はじまりの政治理論」を展開しようとするアレントにとっては，「組織的暴力」現象としての戦争は，自ずと視野から外れていくことになるのである。アレントは「戦争の政治学」というベクトルではなく，「非暴力革命の政治学」というベクトルから思考している。『革命について』は，その意味で，本論からは一挙に「はじまりの政治理論」のはじまりの経験を求める知的な旅の記録といった様相を帯びてくる。

　アレントによれば，「自然状態」という言葉は「はじめに犯罪ありき」という一句を「理論的に純化して言いかえたものにすぎない」のである。『カインはアベルを殺し，ロムレスはレムスを殺した』ように，「暴力を犯さないでは，はじまりはありえなかった」のであるから，はじまりは「犯罪に起原をもっている」ということである。

　　　　私がのべた隠喩とその隠喩を理論的に意味づけ展開した自然状態の
　　　理論は，たしかに戦争と戦争の暴力を正当化するのにしばしば使われ
　　　てはいる。その際，原罪は人間事象に固有のものであり，人間の歴史
　　　の犯罪の起源にはっきりあらわれているというのがその理由としてあ
　　　げられる。しかし，このような隠喩や理論は戦争よりもむしろ革命の
　　　問題のほうにいっそう重要な意味をもっている。なぜなら，革命は，
　　　直接的かつ必然的にわれわれをはじまりの問題に直面させる唯一の政
　　　治的事件だからである (Arendt, 1963 [2006]: 11＝1995: 27)。

　ここから，アレント独自の革命論が展開されることになる。アメリカ独立革命とフランス革命を比較・検討することから，革命のパラダイム自体

の転換を試みるのである。アレントの批判は，ストレイトに革命の〈ルソー＝ジャコバン・パラダイム〉に向けられる。この議論の内容については，別の機会に詳細に論じたことがあるので[3]，ここではこのパラダイムの代表である20世紀のボリシェヴィキ革命を批判するアレント独自のロジックを確認しておこう。アレントの革命論の特徴は，全体主義に帰結したボリシェヴィキ革命を，明確に「失敗した」革命として議論しているところにある。

> 19世紀初めから歴史的必然が人びとの心に投げかけた魔法の呪文は，十月革命によってその威力を増した。この革命は，今〔20〕世紀の人びとにとって，最初は人間の希望の最良のものを結晶し，次いで人間の絶望をその限界まで実現するという，ちょうどフランス革命が同時代の人びとにもっていたのと同じ深刻な意味をもっていた。ただ十月革命のばあい，それはそれまでの教訓を叩き壊してしまうような予期しない経験ではなく，過去の経験と事件を意識的に模倣した活動過程であった。なるほど内部から人を強制するイデオロギーと外部から人を強制するテロルという両刃の強制力があったればこそ，ボリシェヴィキ革命の影響下におかれた国々の革命家たちが，あんなにも従順に自ら滅亡したことを完全に説明することができるともいえよう。しかし，おそらくフランス革命から学んだと思われる教訓こそ，今日，そのイデオロギー的志向の自己強制力の枢要部分となっているのである（Arendt, 1963 [2006]: 47-48＝1995: 79）。

このアレントのボリシェヴィキ革命認識の特徴は，①革命の求めた希望と結果に対する絶望が共に巨大であること（革命の絶対値の巨大性），②フランス革命のイデオロギー的志向の意識的な模倣であること（ルソー主義とレーニン主義の連関性）というポイントにあり，その「失敗した」原因を，レーニン主義のイデオロギーがテロル（暴力）を公認したことに求めている点にある。その意味で，革命の〈ルソー＝ジャコバン・パラダイム〉の20世紀における意識的な模倣が，20世紀の全体主義支配をもたらした，という認識になっている。

困難な問題はきまって同じである。すなわち，革命の学校に入った人びとは，革命がたどらなければならない過程を前もって学んで知っていたということである。つまり，彼らが模倣したのは出来事の過程であり，フランス革命の人びとを模倣したのではなかった。彼らがフランス革命の人びとをモデルにしていたとしたら，死ぬまで自分の身の潔白を弁明したことだろう。しかし実際は彼らはフランス革命の人びとをモデルにはできなかった。というのは，革命はそれ自身の息子たちをむさぼり食うにちがいないということを知っていたからである。そして，一つの革命は諸革命の連続のうちにそのコースをたどるであろうこと，公然たる敵の後に「注意人物」の仮面をかぶった隠れた敵がつづいているということ，革命は，革命政府を覆すために事実上あるいは「客観的に」協力し合う両極の分派——穏健派（アンデュルジャン）と過激派（アンラジェ）——に分裂するであろうこと，革命はロベスピエールがダントンとエベールを粛清したように，穏健とはいえない中間派の人物が左派と右派を粛清することによって「救われる」こと，——このようなことを彼らは知っていたからである（Arendt, 1963 [2006]: 47-48＝1995: 79-80）。

フランス革命という大革命（社会革命）は「革命の学校」として，20世紀の革命の人びとを教育していた。それはフランス革命という出来事の「過程」から革命の運命を学ぶことであった。にもかかわらず，ロシア革命の人びとが誤ったのはなぜか。そこにアレントの関心が向かっている。ある意味で，確信犯として誤りを繰り返している点に，この革命の〈ルソー＝ジャコバン・パラダイム〉の呪縛力があったといえよう。

ロシア革命の人びとがフランス革命から学んでいたことは——そしてこの教訓が彼らの心の準備のほとんど全部であった——歴史であって活動ではなかった。彼らは，歴史の偉大なドラマが自分たちに割り当てる役ならどんな役でも演じる能力を身につけていた。だから，悪役以外に役がないばあいにも，ドラマの外に残されるくらいなら喜んでその役を引き受けたのである。

存在するすべての権力に敢然と挑戦し，地上のあらゆる権威に挑み，その勇気にいささかの疑問の余地もない人たちが，日々謙虚に，怒り

の叫び声すらあげずに,いかにその概観が馬鹿らしく不合理に思われようとも,歴史的必然の叫び声に屈服している光景には,何か壮大な滑稽さとでもいうべきものがある。彼らは愚弄されたのである。しかし,それはダントンやベルニョーの言葉,ロベスピエールやサン=ジュストの言葉,その他大勢の人の言葉が依然として彼らの耳に響いていたからではなかった。彼らは歴史によって愚弄されたのであり,歴史の道化となったのであった(Arendt, 1963 [2006]: 48=1995: 80-81)。

これは,理論的に見れば,フランス革命以降に誕生した新しい歴史哲学,すなわち「絶対者は歴史的過程を通じてあらわれるというこの新しい啓示のモデル」がフランス革命によって誕生したことにあった。「カント以後のドイツ哲学が20世紀のヨーロッパ思想——とくにロシア,ドイツ,フランスなど革命的動乱にさらされた国々——に巨大な影響力を発揮するにいたったか,その理由は,ドイツ哲学がいわゆる観念論であったためではな」く,「むしろ逆にそれが純粋な思弁に余地を残しており,時代のもっとも新しく,最も現実的な経験に対応し,それを概念的に理解するような哲学の形成をめざしていたという事実によるものであった」からである。ここに哲学は歴史哲学となった(Arendt, 1963 [2006]: 42=1995: 72)。ロシア革命の人びとも「自分たちはフランス革命の人びとの後継者であるばかりか,歴史と歴史的必然の代理人でもあると考えた」のであり,そのため逆説的ではあるが,「自由のかわりに必然が政治的かつ革命的な思想の主要な範疇となった」のである(Arendt, 1963 [2006]: 43=1995: 73)。

レーニン主義の問題は,「はじまりの力」をめぐる独自のレーニン的な概念に由来する。レーニンは,マルクスと同様に,「はじまりの力」としての「構成的権力」を常に「危機」の問題と結びつける。「構成的権力とは,なによりも危機を創造するものである。」そして,「危機の開口部(危機の諸相)のなかに,まさしく創造的・解放的な様相がある」(Negri, 1997: 348=1999: 358)のであって,「構成的権力というテーマがレーニンの革命的実践と遭遇するとき,マルクス的問題設定の最初の本質的限界が現れる」(Negri, 1997: 352=1999: 363)のである。この限界とは,「ソビエトと大衆の構成的権力との関係の問題」が「最終的に党の独裁というパースペクティブのなかで閉じられる」点にある。つまり,「帝国主義戦争を内戦に

転化するというレーニン主義的綱領」は,「ソビエトはプロレタリア独裁の機関であると同時に国家の共産主義的消滅の道具」とする立場を表明した『国家と革命』にゆきつく。つまり,構成的権力のレーニン主義的概念とは,「大衆の行動と党の指令との直結を発信し,そこにダイナミックな現実として組織された構成的権力,現実の創設であると同時に未来の企図として組織された構成的権力をみようとする」立場を示している（Negri, 1997: 352-353＝1999: 363-396）。

レーニンが『国家と革命』において論じる,革命の現実性を顕在化させる〈力〉の生成,すなわち暴力革命の論理について分析した白井聡は,以下のように論じている。

> ロシア革命勃発の要因を,第一次世界大戦下という歴史状況を抜きにして語ることはできないことは自明であるが,その成功の端的な要因は戦時下の総動員体制にある。それはすなわち,労働者および農民という大衆が,総動員体制によって兵士という「特殊な力」へと大規模に編成されていたという状況である。レーニンが「帝国主義戦争を内乱へ」というテーゼによって企てたことは,このような形で現れた「特殊な力」を徹底的に利用することであった。言いかえれば,それは人類史上初めての総力戦によって未曾有の規模で組織された「特殊な力」を質的に転化させることによって,それを一挙に革命の原動力へと転換させてしまうことであった。……「普遍的な力」は「特殊な力」から直接に生まれるものである以上,「特殊な力」が大規模に組織されていくことは,「普遍的な力」が比例的に大規模なものとなり,したがって強力なものとなることさえも意味するであろう（白井, 2007: 182）。

そうであれば,革命後の「統治をおこなうのは,総力戦体制によって『特殊な力』へと徴募されながらもそこから本来の状態へと離脱した『武装した人民』にほかならない」のである。そして「彼らは自らのために武装し,自らの原則によって〈力〉を行使することになる」（白井, 2007: 183）からこそ「普遍的な力」が誕生する。こうして白井は,「特殊な力」が「普遍的な力」に質的に転化する際の「暴力の沈黙」というレトリックについて論じるが,この議論は説得力を欠く（白井, 2007: 187-217）。革命の瞬

間に暴力は不在であるという論理は、革命後社会のテロルの支配と全体主義の形成という帰結に照らして、到底納得できるものではない。レーニン主義が前衛政党の独裁という内実に帰結する原因は、20世紀の哲人王たる共産党を位置づける際に、マルクスの共産主義の論理だけでなくクラウゼビッツ流の軍隊の論理を持ち込んだからであった。鉄の規律を備えた軍隊的組織としての前衛政党というレーニン独自の共産党の位置づけが、テロルの支配と結びつく決定的な要因である（永井，1985：34-35）。

アレントの革命論は、暴力革命を公認する〈ルソー＝ジャコバン・パラダイム〉の20世紀版たるレーニン主義の全面的批判となっている。ルソー→マルクス→レーニンに連なる暴力革命としての社会革命の論理を批判し、トクヴィル→ローザ・ルクセンブルク→アレントに連なる〈自由の創設〉としての政治革命の論理の系列に自らを位置づけている（川原，2006：第7章）。目的は何であろうとも暴力を肯定する革命は、アレントにとっては前政治的な活動にすぎない。

> フランス革命の人びとが、すべての権力は人民にあるといったとき、彼らが理解していた権力というのは、その源泉と起源が政治領域の外部にあるような「自然的」力のことであり、革命がほかならぬ暴力のかたちで解放し、暴風雨のようにアンシャン・レジームの制度をすべて一掃してしまった強制力のことであった。この強制力は、その力強さの点で超人間的なものとして経験されたし、あらゆる拘束やいっさいの政治組織の外部に立つ群衆の蓄積された暴力の結果であると考えられた。「自然状態」のなかになげだされた人びとにとって、フランス革命の経験が意味したのは、疑いもなく、群集の倍増された力は、貧困の圧力のもとに、制度化され統制された権力も抗しがたい暴力として爆発しうるということであった（Arendt, 1963 [2006]: 173＝1995: 293-294）。

この暴力の解放がはじまりを生み出さないというのが、アレントの革命論のポイントである。その意味で、アレントにとって「革命」とは、アンシャン・レジームの解体の局面ではなく、新しい政治構造の創設の局面にある。「叛乱の目的は解放であるのにたいして、革命の目的は自由の

創設であるということを心に銘記すれば，政治学者は，少なくとも歴史家の落し穴を避ける方法を知る」(Arendt, 1963 [2006]: 133＝1995: 223) ことができるというわけである。「叛乱や解放が新しく獲得された自由の構成を伴わないばあい，そのような叛乱や解放ほど無益なものはない」(Arendt, 1963 [2006]: 133＝1995: 224) という視点が，フランス革命やロシア革命を「失敗した」革命と評価するアレントの基本的な評価基準を形作っている。

しかしこの〔暴力の爆発の〕経験は，あらゆる理論とは反対に，このような倍増された力は権力を生みださないということ，そして，前政治的状態にある 力（ストレングス）と暴力は流産に終わるということを教えたのである。フランス革命の人びとは暴力と権力をどう区別するか知らないままに，全権力は人民からくるものでなければならぬと確信していた。そこでこの群集の前政治的な自然的強制力の前に政治領域を開放したため，国王や旧権力が一掃されたように，今度は彼ら自身がその力に押し流されたのである (Arendt, 1963 [2006]: 173＝1995: 294)。

ルソーの一般意志の理論にせよ，レーニンのプロレタリア独裁の理論にせよ，人民を超越的な権威によって正当化し，解放の目的によって手段としての暴力を正当化する，革命の〈ルソー＝ジャコバン・パラダイム〉は，暴力と権力の概念的区分を知らなかったために，全体主義に帰結した。

これと反対に，アメリカ革命の人びとは，権力を前政治的な自然的暴力とはまったく反対のものだと理解していた。彼らにとっては，権力は，人びとが集まり，約束や契約や相互誓約によって互いに拘束しあうばあいに実現するものであった。互恵主義 (reciprocity) と相互性 (mutuality) にもとづくこのような権力だけが真実の正統的権力であった (Arendt, 1963 [2006]: 173＝1995: 294)。

ここから，アレントによる〈マルチチュード革命〉のパラダイムが提起される。アレントは，アメリカ革命の人びとが，人民の解釈に独自の議論を持ちこんでいることに着目する。

〔「人民」は〕創設者にとって，けっして単数的存在ではなかった。「人民(ピープル)」という言葉は彼らにとって多数(メニーネス)という意味をもっていたのである。つまり，その尊厳がまさにその複数性（plurality）に存するような，限りなく変化に富む複数者（multitude）という意味であった（Arendt, 1963 [2006]: 83＝1995: 138）。

　このマルチチュード（多数－多様性）による人民の解釈に，アレントの独創的な革命論の秘密がある。つまり，こうした人民解釈によって，「共和政における公的領域は対等者のあいだでおこなわれる意見の交換によって構成されるもの」になる。「フランス革命が悲惨の暗闇から連れ出した不幸な人びと(マルルー)とは，たんに数的な意味で複数者(マルテイテュード)であるにすぎなかった」のである。一般意志のような「一つの意志によって動かされる『複数者(マルテイテュード)』というルソーのイメージは彼らの現実の姿の正確な記述であった。」それに対して，「人民」のアメリカ的概念を支える多数－多様性としてのマルチチュード概念こそが，アレントの「はじまりの政治理論」のはじまりを支える概念なのである（Arendt, 1963 [2006]: 83-84＝1995: 138-140）。

3　おわりに——革命と「時間の裂け目」

　「はじまりの政治理論」のはじまりの書である『革命について』は，その第4章と第5章を，政治体のはじまりの問題である「創設」（Foundation）にあてている。創設の難問とは，超越的な絶対者を回避することによって，権威を設立することなのである。アメリカ革命の人びとの創造性は，法の源泉の考え方に見られる。

　　フランスにおとらずアメリカでも，やがて人間のつくった法すべてに有効性を与える「より高い法」の一部となるべき新しい国法の作成という課題そのものによって，絶対者の必要が前面に押しだされたのである。しかし，このような必要に直面しつつも，アメリカ革命の人びとは，フランス革命の人びとや特にロベスピエール自身がおちいったのと同じような不条理には落ち込まなかった。そのただ一つの理由は，アメリカ革命の人びとが，権力の根源は下の人民の「草の根」か

ら生ずるものであるのにたいし，法の源泉は「上の」或る高い超越的な領域にあるとして，権力と法を曖昧さを残すことなくはっきりと区別したことにある（Arendt, 1963 [2006]: 174＝1995: 296）。

これは，新世界の植民者たちが，「西洋人の歴史のまっただなかにあって，新しいはじまりを実行した」ということである。その画期性は，具体的には「絶対者が政治的領域でいつもかぶるもっとも安っぽくもっとも危険な仮面，つまり国民（ネーション）という仮面をアメリカは必要としなかった」点にあった。絶対者の問題から「アメリカ革命をこの〔瓦解の〕運命から救ったのは，「自然の神」でもなければ，「自明の真理」でもなく，「創設の行為そのもの」だったのである（Arendt, 1963 [2006]: 187＝1995: 313-314）。「アメリカの創設者たちが自ら書きしるすことのできた大成功，つまりアメリカ革命以外のすべての革命がそれ以後何世紀にもわたる攻撃に生きのびるほど十分安定した新しい政治体を創設するのに失敗したにもかかわらず，アメリカでは革命が成功したという単純な事実は，アメリカ憲法が，作動しはじめたとはいえないにもかかわらず，『崇拝され』はじめたまさにその瞬間に決定された」（Arendt, 1963 [2006]: 190-191＝1995: 318）のである。アレントはこうした「創設の行為そのものが含んでいた権威」に着目し，ローマ共和政の経験である「偉業（res gestae）のはじまり（principium）と原理」の現前に，「創設精神の生命力」としての「権威」を見ていたのである（Arendt, 1963 [2006]: 193＝1995: 321）。

　　アメリカ革命の人びとが自分たちを「創設者」と考えていたという事実そのものが，新しい政治体の権威の源泉は結局のところ，不滅の立法者とか自明の真理とかその他の超越的で現世超越的な源泉などではなく，むしろ創設の行為そのものであることを彼らがいかによく知っていたかを示している。ここから，あらゆるはじまりが不可避的にまきこまれる悪循環を突き破る絶対者の探求は無意味であるということになる。というのは，この「絶対者」は，そもそもはじまりの行為そのもののうちにあるからである（Arendt, 1963 [2006]: 196-197＝1995: 326-327）。

これまで論じてきたように,「このことはずっと周知のこと」であった。革命的行為そのもののなかに,絶対者は内在しているのである。アレントの革命論は,このはじまりの行為の秘密を明確に議論している。

　革命の時代がやってくるまでは,は̇じ̇ま̇り̇そのものが,いつも神秘のなかにとざされ思弁の対象にとどまっていたという単純な理由から,概念的な思考のなかでは完全に明確化されなかったのである。その時にこそはじめて,創設の行為は広い日の光のなかで起り,そこに居あわせた人びと全員が目撃したのであったが,それまで数千年のあいだ,創設は創設伝説の対象にすぎず,想像力だけが過去と記憶のとどかぬ出来事を探ろうとしていたのである。このような伝説の事実的審理についてわれわれが何を発見しようとも,その歴史的意義は,どんなふうに人間精神がは̇じ̇ま̇り̇の問題,つまり歴史的時間の連続的な連鎖のなかに割りこんできた非連続的な新しい出来事の問題,を解決しようとしたかという点にある（Arendt, 1963 [2006]: 197＝1995: 327）。

アレントが創設伝説に見て取るのは,「古い秩序の終りと新しい秩序のは̇じ̇ま̇り̇のあいだにある裂け目の強調」である。この裂け目に「革命」の時間の秘密がある。「自由は解放の自動的な結果でもなければ,新しいは̇じ̇ま̇り̇は終りの自動的な帰結でもない」のである。アレントの考える「革命」とは,「終りとは̇じ̇ま̇り̇,もはや存在しないもの（no longer）とまだ存在しないもの（not yet）との伝説的な裂け目にほかならなかった」のである。この裂け目が「時間を連続的な流れとして考えるふつうの時間観念からは逸脱している前代未聞の思弁」に導く。この時間の裂け目のなかでは,「は̇じ̇ま̇り̇は,いわばそれがしがみつくべきものを何ももっていないかのよう」であって,時空間の出発点をもっていない。「は̇じ̇ま̇り̇の瞬間には,はじめる者
ビギナー
が時間性の連続そのものを廃止したか,あるいは,行為者たちが時間の秩序とその連続から放りだされたかのように見える」のだ（Arendt, 1963 [2006]: 197-199＝1995: 328-329）。

そして,「暴力は,新しく安定した何ものかを生むどころか,逆に,『革命的奔流』のなかに,はじめる者もろともは̇じ̇ま̇り̇を押し流してしま」い,
ビギナー
政治体のはじまりをもたらさない（Arendt, 1963 [2006]: 201＝1995: 333）。

はじまりの暴力を伴う近代の創設伝説を否定することが，アレントの眼目である。アレントの革命論は，先の「時間の裂け目」というモメントのなかから，「革命の失われた宝」としての「自由の新たな公的空間」の潜勢力を救出する営みなのである（Arendt, 1963 [2006]: 207-273＝1995: 351-458）。暴力を経由しないはじまりを求めるアレントの革命論を支えている原点は，「はじまりが存在せんがために，人間はつくられた」（アウグスティヌス）という言葉に表明された事柄である。その事柄とは，「人間は，彼自身新しいはじまりであり，したがってはじめる者であるがゆえに，新しいはじまりをつくるという論理的に逆説的な課題を背負っているという観念，つまりはじまりのための能力そのものは生まれてくるものであるということ（nataryty）」に関連しているということなのである（Arendt, 1963 [2006]: 203＝1995: 336-337）。

このアウグスティヌスの言葉は，アレントの主著『全体主義の起原』（Arendt, 1962 [1951]＝1972-74）の末尾でも引用されている。アレントは同書のなかで，第一次大戦といった戦争形式の全体主義化（総力戦）が政治的支配の全体主義化（総動員体制）をひき起こしていく問題を分析し，最終的に「思考欠如」を導く20世紀の時代経験をトータルに論じている[4]。20世紀が唯一生みだした全体主義支配のあり方を，同時代に批判的に論じた『全体主義の起原』に対して，12年後に著わされた『革命について』は，全体主義の20世紀とは異なる，もう一つの20世紀を求める探究の書となっている。暴力をもちいないはじまりを求める同書は，その意味で，書かれざる「戦争の政治学」のテキストでもあるのである。

（1） この「連帯」の市民社会論の展開については，川原，1993に詳しい。
（2） シュミットの政治観については，Schmitt, 1932＝1970に詳しい。また20世紀初頭の政治理論の文脈を形作るアレント＝シュミット問題については，亀嶋，1997がすぐれた見取り図を提出している。
（3） この革命の〈ルソー＝ジャコバン・パラダイム〉の詳細については，川原，2006：第2章，および，川原，2007を参照されたい。
（4） このアレントの全体主義論を独自の「三つの全体主義論」に展開した議論が，藤田，1995であることはよく知られている。この点については，川崎，2006：94-99を参照されたい。

参考文献リスト

Arendt, Hannah, 1962, *Elemente und Ursprunge totaler Herrschaft*, Frankfurt am Main.（＝1972-74，大久保和郎・大島通義・大島かおり訳『全体主義の起原』みすず書房）.
―――, 1963〔2006〕, *On Revolution*, The Viking Press.（＝1995，志水速雄訳『革命について』筑摩書房）.
―――, 1972, *Crises of the Republic*, Harcourt Brace.（＝2000，山田正行訳『暴力について』みすず書房）.
Schmitt, Carl, 1932, *Der Begriff des Politischen*, Duncker & Humblot, München.（＝1970，田中浩・原田武雄訳『政治的なものの概念』未来社）.
―――, 1963, *Theorie des Partisanen: Zwischenbemerkung zum Begriff des Politischen*, Duncker & Humblot, Berlin.（＝1997，新田邦夫訳『パルチザンの理論――政治的なものの概念についての中間所見』筑摩書房.
Negri, Antonio, 1997, *Le pouvoil constituent: Essai sur les alternatives de la modernite*, PUF.（＝1999，杉村昌昭・斉藤悦則訳『構成的権力――近代のオルタナティブ』松籟社）.

亀嶋庸一，1997,『20世紀政治思想の内部と外部』岩波書店.
川崎修，2006,「ハンナ・アレントと日本の政治学」『政治思想研究』6：82-109.
川原彰，1993,『東中欧の民主化の構造―― 1989年革命と比較政治研究の新展開』有信堂.
―――, 2006,『現代市民社会論の新地平――《アレント的モメント》の再発見』有信堂.
―――, 2007,「大西洋文明における〈共和主義〉問題――アレントによる米・仏比較革命論を中心に」三浦信孝編『クレオール化と文化変容（仮題）』中央大学出版部（近刊予定）.
白井聡，2007,『未完のレーニン――〈力〉の思想を読む』講談社.
永井陽之助編，1968,『政治的人間（現代人の思想16）』平凡社.
―――, 1985,「20世紀と共に生きて」長井陽之助編『20世紀の遺産』文藝春秋，13-58.
藤田省三，1995,『全体主義の時代経験』（藤田省三著作集6）みすず書房.

民主主義と武力行使
―― 冷戦終焉後の展開とイラク戦争による転回 ――

押村　高＊

はじめに

　民主主義の精神とその浸透は，武力に訴える必要性を減らし，武力行使の様態を穏和にする。J-J・ルソーをはじめとする民衆体制のイデオローグたちは，このような期待を抱き続けてきた。民主主義がそもそも紛争解決の手段として「実力行使」より「話し合い」を選択することを意味し，また「権力政治」から「法治政治」への転換を促進すると考えられたからである。

　そのような期待は，私戦と公戦の区別が定着して戦争が国家的行為とみなされ，君主の領土拡張欲が戦争の主要な原因となった18世紀にいよいよ高まった。啓蒙思想家ダミラヴィル（É. N. Damilaville）は『百科全書』の「平和」の項目で，「理性が，そこに由来する支配力を国家元首の上に効かせていたならば，かれらは，戦争という狂気に思慮もなく身を委ねることはなかったであろう」と述べている[1]。

　戦争原因についてのこのような診断は，平和建設の第一歩が統治者の「理性化」であるという処方箋をもたらし，さらに，ひとりの知恵ではなく多数の討論で「開戦か否か」を決定すれば戦争の総数を減らすことができるという確信に結びついた。これを受けて，18世紀末にI・カントは，戦争の決定を下すのが敗戦によってさほど失うものを持たない君主ではなく，戦費や軍役そのものを負担する国民でなければならないと論じたのである[2]。

　人々は武力に訴えがちな君主や独裁者を非難するが，カントに言わせれ

＊　青山学院大学国際政治経済学部・教授，国際政治哲学

ば，戦争の責任は，むしろ支配者の横暴を黙認し，君主に責任を負わせることをしなかった国民の側にある。この啓蒙の大家は，統治者に武力行使の説明責任という観念を植え付ければ，人類は戦争という自然状態を克服することができると考えた[3]。カントにより，平和が共和的価値と不可分であり，国内における民主主義は国際的な法治主義を指向するという「民主主義による平和」（democratic peace）が明快な定式を与えられたのである。

さらに第一次大戦のさなか，ドイツ，トルコ，ブルガリアなど「同盟国」側の指導者が部隊や国民を質草のように使っているとみたW・ウィルソンは，カントの定式を民主国の安全の問題に応用し，アメリカ民主主義が安泰であるためには世界が平和でなければならないと説いた。逆もまた真であり，世界が平和であるには，各国が民主的価値を奉じ，その民主国が「国際連盟」の形で連携しなければならないのである[4]。ウィルソンにとって，軍事力が選挙政府によりコントロールされれば，各国が戦火を交える恐れがなくなることはほぼ確実であった。

この「民主主義による平和」は，過去の戦争原因の統計的分析による裏づけを得て，20世紀後半に「民主国は相互に戦争を仕掛けない」という学問理論に鍛えられてゆく。討論を経る民主国では，武力行使の決定には時間を要する。また民主国の開戦決定のプロセスについては，他国もその様子を窺うことができる。したがって，他国は奇襲を恐れる必要がなく，しかも，互いに戦争回避の政治・外交プロセスが始動するであろうという期待を抱くことができる[5]。このような予期理論は，リベラルな先進国の多くに外交政策基礎付けの理論としても採用された。

冷戦終焉後の十数年は，東欧，ラテンアメリカ，アフリカの隅々まで民主化の波が到達したことにより，グローバルな「民主主義による平和」実現への機運も高まりをみせた。たとえばフロスト（M. Frost）によれば，各国が道義心を殺し武力に訴えてまで国家的利益を追求すると解釈する「自然状態論」や現実主義は，冷戦終焉とともに妥当性を奪われている。つまり先進各国の国民や指導者は，戦争状態論やアナーキカル・モデルの呪縛を脱して，自国が「民主国に囲まれた一民主国である」という意識を持ち，対外的に正義に適った方法を選択するよう誘導されるのである[6]。

とはいえ，冷戦が終焉してから17年が経ち，安全保障の環境もまた変容

を遂げて,「民主主義による平和」では説明のつかない現象が出現している。かつて武力行使の大半が,国益や国家の一部階級利益のために企てられたのに対し,冷戦終焉後には,湾岸戦争のような国際社会による違法国家に対する武力行使,民主諸国家が同盟を組んで実施する対テロの武力行使,あるいは内乱,内戦の犠牲者を減らすための人道的介入,さらに紛争後地域の文民活動を反乱分子から警護するための武力行使など,新しい形態の武力行使が見られるようなった。

　武力行使のアクターが諸国家による同盟や国家内部の民族,テロリストに変ってきているという現実は,「民主主義による平和」の理論が何らかの「新しい基礎付け」や「サブ理論」を必要とすることを指し示す。実際に,西欧先進民主諸国に対し軍隊の役割を拡大解釈するきっかけを与えたコソヴォへの人道的介入,アメリカ,イギリス,スペイン,オーストラリアなど民主国政府が反戦世論を顧みずに国際法上違法と思われる戦争や占領に手を染めた2003年のイラク戦争・占領は,民主国と戦争とのかかわりについて再考する機会を与えた。

　本章の主題は,国家間戦争の危険が遠のき,民主主義の根本が変質してゆく中で,武力行使と民主主義の間柄がどう変化したかを究明することにおかれる。第一節では,民主国が武力に訴える場合,国内にどのような議論が生まれ,どのような帰結がもたらされるかを考察したい。また第二節では,イラク戦争のさいのアメリカ民主主義と武力行使の関係について検討する。さらに第三節では,「民主主義の平和」のための武力行使という考え方は妥当かどうか,そして第四節では,かりに人道的な干渉のための武力行使が是認されるとして,そのさいに民主的に武力を行使するとはいかなる意味なのかを検討したい。

　なお,ここでいう武力とは,自衛以外の目的,たとえばテロとの戦いで行使される武力をも含み,また人道的な任務のための武力,さらに国際社会の脅威と認定されたものに対処するための武力をも含んでいる。「戦争」と「武力行使」の区別は,規模と目的の相違と考えられてきたが,今日では,かつて目的とは考えられなかった「体制変更」を促すための大規模な武力介入が企てられ,この区別は意味を失っている。本章では,より包括的な「武力行使」という概念を用いて論述を進めることとしたい。

1　民主国は武力行使に消極的か

　民主主義は，他の体制よりも武力行使に対して消極的な態度を採るか。民主主義概念の多様性とその実態の複雑さを考慮に入れると，この問いの解答を導き出すことは容易ではない。「民主主義による平和」では，民主国政府が「民主国を相手にした」武力行使を検討することは稀であると説かれる。ただしそれは，民主国政府が非民主国，たとえばテロリストなどの非国家的な組織に対する武力行使にまで消極的であることを意味しなかった。したがって，ここで改めて問われるべきは，民主主義が，相手がどの国であっても武力行使を回避・抑制しようとする体制であるか否かである。

　ハルペリン（M. H. Halperin）を始めとする『民主政治の強み―民主諸国はいかにして繁栄と平和を促進するか―』（*The Democracy Advantage: How Democracies Promote Prosperity and Peace*）の著者たちは，統計的データをもとに，民主国が「誰に対しても」，つまり独裁国に対してさえ平和的に付き合う傾向がある点を指摘している。過去に軍事衝突の原因をもたらした国家を体制別に整理すると，民主国が仕掛けた事例は全体の5分の1程度に過ぎない。むしろ「民主国は，戦闘の開始者より犠牲者になる頻度が高い」のである。とはいえ，「民主諸国家は，関わった紛争の実に76パーセントで勝利を収めて」おり，この数値は，民主国が独裁国による攻撃にも屈しないほど安全で持続可能な体制であることを物語っている[7]。

　しかしながらわれわれは，民主国と武力行使の相関を論ずるのに，もはやこのような単純な図式のみを頼りとするわけにはいかない。なぜならば，冷戦終焉からNATOによるコソヴォ空爆へと至る過程で民主国による他国への軍事的干渉傾向の増大がみられ，さらにまた，イラク攻撃・占領時に民主国相互，あるいは民主国内部で武力行使の賛否を巡って亀裂が生まれ，民主国がなるほど戦争一般に対して消極的な態度を採るとしても，「特定の戦争」については共通の態度を選択するわけではないことが明らかになったからである。

　理論的にみて，武力行使というオプションの採用を民主国政府が躊躇するという仮説は，それなりの説得性を誇っている。民主国では人権の保障，定期的な選挙，政府批判の自由，政権の交代，そして文民統制が確保され，反戦世論に意見表明の機会が与えられるからである。武力の対外的行使に

ついてアカウンタビリティーを負う民主的政府は，反戦世論の矢面に立たされるか，あるいは世論の分裂を覚悟しなくてはならないので，参戦モーメントには一定のブレーキが掛かる[8]。たとえば2003年のイラク攻撃にさいして，民主化が軌道に乗りつつあるトルコの議会がアメリカ軍への発進基地提供の法案を不成立としたのも，世論の分裂を危惧してのことであった。

　この点に関する興味深いデータが，各国1000人以上を対象とした2000年の意識調査結果『世界価値観調査』(*World Value Survey*) に示されている。「もし戦争が起こったら，国のために戦うか？」に対する答えとして，「いいえ」のパーセンテージが高かったのはスペイン（49.5），日本（46.7），ドイツ（42.3），低かったのは中国（3.1），バングラディッシュ（3.7），モロッコ（4.6）であった。つまり，上位の民主国においては，防衛戦争にさえも否定的な態度を採る非戦主義者が4割を超えていた。さらにアメリカ（25.5），カナダ（30.8）でも，国民の4分の1以上を非戦主義者とみなしうる[9]。

　この立場は，「暴力が問題を解決することは決してない」という経験に由来し，戦争報道が伝える犠牲者，負傷した老人や子供，飢えに苦しむ市民，焼かれた都市，破壊された病院や公共施設を根拠に「暴力は暴力の連鎖を生む」という命題を導き出し，そこから武力行使は得られる善以上の悪をもたらすと結論する。このような反戦キャンペーンが世論の一定部分の共感を呼ぶことは疑いない。シュレーダー首相（当時）率いるドイツ社会民主党が，イラク攻撃反対の世論を追い風にして不利を挽回し，2002年9月の総選挙で勝利を収めたことは記憶に新しい。

　とはいえ，このことは，国益より上位の目的と思われる「国際社会の平和と安定」のための武力行使にまで，西欧民主国の世論全体が消極的になることを意味しない。たとえば『軍事社会学』(*Sociologie Militaire : Armées, Guerre et Paix*) の著者の一人ヴェネッソン（P. Vennesson）は，大国相互の協調，また先進民主国相互の緊張緩和により軍隊の存在意義が薄れたことから，軍隊の活路を見出すべくその役割を拡大解釈してゆく民主国が出現した点を指摘している。2002年に行われたドイツの若者への意識調査では，部隊の海外展開に肯定的で，「介入が軍隊の通常業務である」と見るものが91％に達しているのである[10]。

ブッシュ・ドクトリンやイラク戦争は，この点で民主国の武力行使に対する態度を測る試金石となった。イラク攻撃・占領のさいには，アメリカ，イギリス，スペイン，イタリアなどの民主国「政府」が，国際法上違法な武力行使に訴えるか，またはそれを支持したのである。これらは民主国であり，国内で反戦世論が相応の盛り上がりを見せた。にもかかわらず，政府は最終的に派兵の道を選択し，しかもこれらの国々は，その決定により多かれ少なかれ民主主義のレベル低下を経験した。

もちろん，派兵や部隊展開を，国民の意思をかえりみずにブッシュ (Jr.)，ブレア，アスナール，ベルルスコーニがなした背信行為とみるものもいる。しかしながら，それらを指導者の単独プレーとみなし得ないことは以下の数値が明らかにしている。Ipsos MORI の世論調査によると，1997年5月にブレア政権が誕生してから2007年5月にブレアが退陣を表明するまで首相支持率は70％台から20％台までゆるやかに下降したが，例外的に2001年10月のアフガニスタン空爆と2003年3月のイラク開戦時には，いずれも直前より20％近く支持率が上向いているのである[11]。このことは，イギリスのような民主国においてさえも，武力行使は指導者の行動力を宣伝する場，また支持率を回復させる手段となっていることを物語る。

イラク戦争へと至る過程で，イギリス，スペイン，イタリア，オーストラリア，日本の政治が浮き彫りにしたものは，民主政治もリベラルで法治主義的な政治と，セキュリティーや決断を重んずる「例外状況」の政治の攻防の上に成り立っているという事実であった[12]。「国家理性論」の伝統が示唆しているように，セキュリティーの政治は，対話，妥協，法治などの民主主義の政治を沈黙させる効果を持つことが多い。民主主義が「生存以上の何か」を目指すのに対して，セキュリティーの政治は，脅威認識をバネにした「生き残り」の論理で，話し合いより即時の決断を，また慎重より行動を奨励し，さらに情報の公開より機密性を，個人の自由より集団の生存を優先するからである[13]。

もちろん，これらの国々によるセキュリティーの政治の優先も，その背景には世論の少なからぬ支持があった。しかし，9.11事件の衝撃やアメリカとの同盟関係という外的な環境，そしてブレア，アスナール，ベルルスコーニ，小泉という個人的モーメントによって両者のバランスが逆転し，世論の紛糾の中でセキュリティーの政治がリベラルかつ民主的な政治をオ

ーヴァーウェイトしたとみることができる[14]。このことは各国の対外的なスタンスにも影響を及ぼし，他国との協調，手続きの重視，国連や国際法の尊重といった多国間民主主義が，「生き残り」のロジックからアメリカとの同盟関係のみを優先し，国際法を軽視するような論調に道を譲ったのである。

2 民主国アメリカによる武力行使

　もとより，セキュリタリアンとリバタリアンの主張は，必ずしもベクトルが異なるというわけではない。例えば，集団の秩序と安定がなければ個人的自由を開花させることができないという意味で，セキュリティーの政治は民主主義の存立条件であり，さらにテロを黙認するならば内外の法治主義の全体が動揺をきたすという意味では，テロとの戦いは法治国家の根幹にかかわる問題である。それでは，本来は両立するはずの民主的な政治とセキュリティーの政治のバランスは，どのようにして損なわれたのであろうか。

　「例外状況」もまた民主的コントロールに服さなければならないと説くイグナティエフ（M. Ignatieff）は，この点について『よりましな悪―テロ時代の政治倫理―』（*The Lesser Evil: Political Ethics in an Age of Terror*）で述べている。民主国はこれまで，戦時に政府が秘匿を行うさいにも，ことの重要性に鑑みて司法が情報の機密性や尋問の非公開を事前に認定するか，あるいは事後に追認するなどそれなりの民主的コントロールを効かせてきた。しかし，テロとの戦いやイラク戦争における外国人や市民に対する司法の許諾なき逮捕，拘束，拘禁，拘留は，民主主義の最後の砦を奪ってしまった[15]。

　「安全と自由の正しい均衡を保つことはできない」ものとしてイグナティエフが挙げるのは，外国人の権利を脅かし，逮捕状なき拘禁を可能にし，通信の傍受や盗聴を正当化したアメリカの「パトリオット・アクト」と，具体的な容疑を示さずとも警察が被疑者を拘束することのできるイギリスの対テロ取締り強化策である。これらは，「法治国家」を部分的に停止させ，そして非常事態の論理で民主主義の諸原則をいったん沈黙させた。

　さらに，アメリカがキューバに保有するグアンタナモ基地では，司法判断を無視して「拘留者」と「戦時捕虜」が都合次第で使い分けられており，

他方,占領地イラクでは拘留者への虐待が日常的に行われ,国際法の軽視と基本的人権の蹂躙は明らかであった。これらは,民主主義や法治主義と両立するはずのセキュリティーの政治が「生き残り」のロジックで独り歩きしていることを示すものといえる。

フランスの法社会学者ガラポン(A. Garapon)は,アメリカとヨーロッパ大陸のテロに対する戦い方を対照させて興味深い指摘を行っている。法の支配が民主主義の根幹であるアメリカは,政府の横暴から個人の権利を護ることのみに熱心で,立法が政府に合法的行為の根拠を与えつつ,政府の行為を枠付けるという考え方が希薄であった。そのため,テロリズムのような状況に直面すると,「例外状況」の論理が突出し,大統領の権限の強大さとも相俟って行政府の専行や独走を許してしまう。それを監視する唯一の効果的方法としては,議会による予算コントロールがあるのみである16)。

さらにいえば,大陸ヨーロッパ各国でテロは国内問題として処理されることが多く,警察,司法ないし秘密警察が多国間協力によって情報収集と捜査にあたる。しかしながら,世界の隅々にまで武力と経済力を展開する帝国アメリカにとって,いやその世界的プレゼンス自体がテロの標的となっているアメリカにとって,テロリズムは国内問題より国際問題であり,その対処も大統領が国防・安全保障として取り仕切るものとなった。

このような体制変調の背景に,独特なアメリカ政治文化の作用を認めることもできる。一般にリベラルな政治は,国内的にも対外的にも「可謬性」に基づく「寛容」を最大価値とみなすとき健全に稼働する。しかるに,アメリカ人には「民主主義最進国」というプライドがあり,それが自国の国防・安全保障政策は「善意」(benignity)の度合いがいっそう強いという信念をかれらに抱かせる。冷戦終焉後のアメリカでは,対ソ冷戦勝利の自信にも裏付けられて,「慈悲深い」(benevolent)「想い遣りのある」(compassionate)といった自画像が氾濫し,それはアメリカの対外政策が民主国政府の所為であるがゆえに「過たない」という自己確信をもたらした。「善意の帝国」を攻撃するものは「悪」であるという正義の自己主体化も,このような確信に由来するものといえる17)。

しかも,ワシントン政府高官の解釈では,武力行使についてアカウンタビリティーを負うべきはアメリカの納税者,また大統領を民主的に選出し

たアメリカ有権者に対してであって，必ずしも民主的とはいえない国々が多数含まれている国連や安全保障理事会に対してではなかった。つまり，国際社会全体がステークホルダーとなる国防政策であっても，国民の支持さえ失わなければアメリカ政策担当者はそれが「正しい」という確信を抱き続けることができる。このようにして，「アメリカの民主的価値と生活様式を守る戦い」としての対テロ戦争を，単独で，あるいは世界中を巻き込む形で展開することが正当化された[18]。

『孤独なアメリカ―新保守主義者とグローバル秩序―』(America Alone : The Neo-Conservatives and the Global Order) を著したハーパー (S. Halper) とクラーク (J. Clarke) は，新保守主義者など一部の政策助言者の扇動的言説を吟味なく受け容れてしまったアメリカを，一国民主的な政治に伏在する問題という視角から分析している。かれらによると，違法かつ効果の疑わしい武力行使を選択した責任は，政治家，ジャーナリスト，研究者などアメリカ民主主義のリーダーのほぼ全てが負うべきものであった。

すなわち，政治家は最新の世論調査に過敏であり，ジャーナリストは情報源を明かせるものしか発信することができず，ニュース番組のアンカーは有名人ゲストの機嫌を損ねないように質問内容を予告する。一方，学者は連邦政府や財団より資金を得るために差し障りのあることを口にせず，シンクタンクは党派色の付いた資金を当てにしている。このようにして，「イラクでは大量破壊兵器が製造・貯蔵され，フセインはアルカイダのスポンサーである」とする「疑惑」は，そのまま世論のほとんどが認める「確証」に変った[19]。

さらにハーパーとクラークは，テロの「恐怖」を制御できず，科学的検証に耐えられない新保守主義者の主張を鵜呑みにしたアメリカ民主主義を，国民の「無知」という観点からも分析している。しかもその無知とは，情報に疎いという意味での無知ではなく，「フォックス・ニュース」に釘付けになることで視野が狭まり，他の情報に眼を向けなくなるという新しいタイプの無知，情報の自由流通ゆえの無知であった。しかも視野狭窄に陥る当人は，自ら正しい情報を「選んだ」という錯覚さえ持っているのである。

このようにして，民主主義に伏在する様々な問題点が，9.11事件以降のアメリカの対応から浮き彫りになった。しかしながら，アメリカ民主主義の擁護者が弁ずるように，「誤りを自ら正す」可能性，また対話によって異

論が正論に代わりうる可能性を最も多く持つ体制がアメリカ民主主義だとすれば，拙速な武力行使についてその責任を追及し，その再発を防ぐ仕組みを作る可能性もまた，アメリカは他の体制より多く持つと言うべきかもしれない。

先行きの見えないイラク占領は，3,000億ドルに達する負担やつけとなってアメリカ納税者に跳ね返った。カントが述べているように，共和的体制では実際に戦費を負担する人々が戦争批判の声を上げることになる。カントのこの指摘がアメリカ民主主義にも妥当するかどうかを，2008年の大統領選挙を含め，今後数年のアメリカ政治の進展が示すことになろう。

3 「民主主義による平和」のための武力行使

なぜ民主国は，他国の最大多数が民主国であるよう望むのか。アメリカはなぜ，武力に訴えてでも「民主主義による平和」を実現しようとするのであろうか。「民主主義の促進と経済の開放こそ，国内の安定と国際秩序の最善の基盤である」というアメリカ外交・安全保障ディスコースを解剖すると，他地域の民主化支援は，9.11事件以後あらたに「冷戦終焉後のアメリカの帝国的使命」と「対テロ安全保障」という二つの大義によって正当化されていることがわかる。

まずアメリカは，「自由の原則と自由社会の価値への信念に支えられた」国である。しかしその自由は，「戦争とテロによって脅かされてきた」。したがって，幸いにも軍事，経済，文化，科学技術でリーダーとしての地位を得ることのできたアメリカは，「各大陸の自由で開かれた社会を激励することで，平和を広げてゆく」使命を帯びている。そのため，「国民のために自由の恩恵を探し求めつつ良い未来を築こうと決意した国家を，アメリカは支援する」のである[20]。

他方，アメリカの民主化支援は，アメリカや同盟国を脅かすテロリストが，もっぱら中東の非民主国からリクルートされるという分析に基づいている。ハルペリンは，1990年代に20,000人がアルカイダのキャンプで訓練を受け，かれらのほとんどがイスラムの独裁国もしくは宗教権威主義国の出身であったことを根拠に，「独裁国は，民主国より紛争当事者となり攻撃を仕掛ける側になるより高い可能性を示すばかりでなく，今日の組織的暴力の最も悪辣な形態である超国家的テロリズムの多産な土壌となってい

る」と断定する[21]。

　もちろん民主化のみを大義に掲げた武力行使は、まだ行われていない。現行の国際法に照らして、その種の論理のみで武力介入を開始することは不可能であろう。しかし、当初「自衛」の名目で行われた NATO によるタリバン勢力への空爆は、是非論争の過程でその大義が「テロリストの処罰 (bringing justice)」にシフトし、最後はタリバン政権に抑圧されている人々に「法の支配、国家権力の制限、女性の尊重、私有財産権、言論の自由、公正、宗教的寛容」をもたらすものに変った[22]。アメリカは、テロリストの掃討作戦を、「自由の恩恵を地球の隅々まで広げてゆくまたとない機会」と捉え直したのである[23]。

　イラク攻撃のさいにも、ブッシュ (Jr.) 大統領、チェイニー副大統領、テネット CIA 長官、ブレア・イギリス首相などの開戦決定者が、民主化という大義を参戦理由の前面に掲げたわけではない。しかし、やはりそこには、たとえ大量破壊兵器の製造・貯蔵の証拠が不十分で、武力介入に正当性が乏しくとも、そのような不足は中東地域に民主主義を教え、それに基づく平和や安定をもたらすという「善」によって「事後的に」(ex post) 正当化されるという見通しがあった。実際に、もしイラク復興や民主化が所期の成果を収めていれば、「違法な武力行使」に手を染めたアメリカ、イギリスに対する内外の批判は今ほど激しいものでなかったかもしれない。

　なるほど、アフリカ大陸や中東地域に平和と安定をもたらし、それらの地域の人々を貧困から救出するための手立ての一つが民主化である点は、国際的な了解事項ともなっている。たとえば、『人間の安全保障の現在』(*Human Security Now*) では、人間の安全をもたらす政治的基盤として、市民社会の強化、法の支配の枠組みの樹立、政治・司法改革への着手、情報へのアクセス促進などが挙げられ、その目標が西洋民主主義に倣った「強い国家」を作ることに設定されている[24]。そのかぎりでは、アメリカの目指す民主化と人間の安全保障でいわれる平和構築のための民主化が無縁というわけではない。

　しかしながら、テロリストへの報復に相乗りした形の民主化と人間の安全保障のための民主化は、自ずと本質を異にするものであると言わざるをえない。すなわち、テロとの戦いは、テロリストの拠点を空爆し、資金提供や政治的、軍事的支援を断ち切り、危険人物を特定して拘留することに

主眼が置かれるなど，短期的かつ強制的な戦略を中軸としている。これに対し真の民主化は，治安の確保や経済インフラの整備はいうまでもなく，不平等，排除，差別，弾圧などを取り除くための，人間開発や教育改革を含むきわめて長期的な取り組みを必要としている[25]。

アメリカによる民主化計画の行詰りは，この二つの乖離を明確に示すものといってよい。つまりアメリカの開戦決定者は，武力によりフセイン一派を追放することが，すなわちテロリスト掃討作戦の大半，民主化作業の大半であると考えた。アメリカ軍が歓喜をもって迎えられ，イラク人民が民主主義の旗のもとに結集して市場経済を学び，中東唯一の民主国家イスラエルと手を携えて対テロ戦争のフロントキャンプを形成する。それは，将来的にシリアやイランを巻き込むと期待された[26]。

しかし，いまやアメリカ納税者への膨大な負担とアメリカ兵の多大な犠牲抜きにそれが達成できないことは明白であり，しかもアメリカが中東民主化の担い手たらんとするならば，イスラエル＝パレスチナ紛争におけるアメリカのスタンスが見直されなければならないことも明らかである。くわえて，治安状況が改善され，選挙政治が軌道に乗ったとしても，イスラム・ポピュリストが議会を砦として反アメリカ，反イスラエル的な政策を指向する恐れさえあり，それは周辺国との緊張のみならず，90年代アルジェリアと類似した政変や内乱，現下のトルコと類似した民衆と世俗主義的軍部との対立を生むかもしれない。アメリカのイラク攻撃による中東民主化というプログラムは，かくも多くの矛盾を内包していたのである。

とはいえ，イラク占領はまた，民主化の強制と支援にまつわるいま一つの課題を明るみに出した。それはつまり，中東地域では，民主化の前提となる治安や秩序，国境警備など総合的セキュリティーの達成がいかに困難かという問題である。圧制を取り除き，紛争を終息させて，抵抗が止んでも，「犯罪率の増加，報復のための暗殺，立場を変えての民族浄化が人々の安全を脅かす。警察当局や軍隊部門でさえ，人権を守るより侵害する側に回ることもしばしばである。そのうえ，家族や地域社会が分断されているときには，個人間ことにジェンダーに起因した暴力が増加する[27]」。

とくに，民主主義の必要条件としての国民に信頼される警察，実行の裏付のある刑法制度，近隣国と手を携えての国境の警備を，協業の経験のない分断民族が自力で調達することは容易ではない。言いかえると，アメリ

カによる占領が所期の効果を挙げると期待することは難しいが，逆に，文民統制という観念の乏しい権威主義国が，国内の治安部隊のみに頼って，すなわち国外からの武力，警察組織抜きで民主国に移行しうると考えることにも同様に無理がある。1930年代の日本とドイツの軍国主義が，内部的力のみで速やかに民主主義に移行できたと考えることは非現実的だからである。

　現下のイラクについて言えば，アメリカ軍の駐留や増派はそれ自体が「正当性の欠如」ゆえに混乱の原因となり続けるが，他方で，アメリカ軍よりも正当性を多く持ち，アメリカ軍をより効果的に代替する部隊が現地に赴かない限り，撤退はさらなる混乱をもたらすことになろう。ここでは，「民主化と治安維持のトレードオフ関係」という認識から，治安確保や騒乱防止に長けたイラク旧体制指導者や元バース党幹部などをガヴァナンスに復帰させるという妥協も必要かもしれない。

　いずれにしても，体制変更のための干渉は，民主的憲法制定，自由選挙などの「制度的民主主義」が権威主義より良いという単純な理論的比較を根拠にするのではなく，民主主義の実質が旧体制の実質に勝り，また現地の人々がそれをはっきりと「よりましな」体制として認証するという見通しのもとに行われなくてはならない。イラクにおける民主化の難航がもたらした教訓を要約すれば，上のようになるだろう。

　とくに民族・宗派の境界と国家の境界が乖離し，国家が複数の民族に分断されている場合には，多数民族の横暴を生みやすい多数決民主主義はいうまでもなく，「連邦型民主主義」もしくは「多極共存型民主主義」とて，分裂を持続させ民主的ガヴァナンスに必要な公的アリーナを掘り崩すという意味では万能ではない。ホロウィッツ（D. L. Horowitz）が言うように，分断が固定された社会に「一からの再スタート」という考え方はありえないからである[28]。

　今後，「民主主義による平和」の強制が日程に上るとしても，少なくとも当該地域に民主主義を担いうる勢力があり，また可能ならば民主主義の経験や記憶があること，そして周辺国を巻き込む形での国境管理が可能であり，さらに，文民組織のみで復興支援活動が行えるようになるまで国外の部隊ないし警察の協力が得られること，これらの見通しを介入側が「国際社会に示せること」が条件に加わるであろう。

かさねて，干渉する側が軍事施設のみを精密に空爆できる技術を手にしたとしても，誤爆あるいは掃討作戦により，さらに抵抗，報復テロ，騒乱により生活基盤やライフラインが破壊される。体制変更後にそれを淀みなく供給できる人的，財政的な見通しが立たなければ，解放された人々が「自由に意見を言える」ようになったとしても，かれらは事態が改良されたと考えるには至らない。それらの見通しが得られない間は，国際社会の平和と安定に対する脅威の除去にとどめるべきであり，体制の全面的変更を求めるべきではない。

言いかえると，フセイン治下イラクの場合のように，国際的安全への脅威に対する強制措置の延長線上で一国の民主化が課題となる場合でも，強制外交あるいはイデオロギー的，道義的な説得，さらにはEUが対トルコで試みたような経済的利害，武器供与と引換えの民主化コンディショナリティーなど，まず武力介入以外の十全な取り組みが先行されるべきである。なお武力介入がオプションに上るとしても，民主化の強制は「途方もない企て」であり，武力は民主化のための最低限度の役割しか果たしえない，という点を十分に認識した上でそれを検討すべきであろう。

4　武力行使の民主的正当性

民主主義が，対話や妥協によって衝突を回避し，力ではなく法に頼って政治を司る非暴力的な体制だとすれば，それは非戦主義と親和性を保つであろう。なるほど非戦主義は，第二次大戦後の植民地独立運動において，また1980年代後半から90年代初頭にかけての東欧革命における体制変更，近年では2003年のグルジアの政変においても，「暴力の連鎖を断ち切る」という点で有効であることを示し，各地域の民主化にも多大な貢献をなした。

しかしながら，武力行使の性格は，国家などの領土的ユニットが勝利を目的として他のユニットに対して企てるものから，国際社会や国連が「国連憲章」第7章の強制措置として実施を検討するものに変化してきた[29]。このように武力行使のアクターや目的が多様化しているときに，民主主義がいかなる武力行使をも許容しないと考えるのであれば，それは差し迫った国際的脅威に対しどのような武力が行使できるかという実践的な問題に解答を与えることがない。そこでわれわれは，「民主主義がどのような条件の下でなら武力行使を容認するか」という角度からこの問題にアプロー

チし直すよう求められている。

　国家もしくは国家内勢力が人道に対する罪を犯し，新たに大量破壊兵器の製造や流通を図るなど国際的な平和や安定にとっての脅威となる場合，これを取り除くための最終手段としての武力は，各国の民主主義を守るためにも，さらに国際社会に民主的諸原則を徹底させるためにも確保されなければならない。警察による物理的強制力の行使が民主主義と両立を果たすのと同様，国際法秩序や国際安全保障を回復するための武力行使も，国際社会全体の利益に抵触するわけではない。したがって，民主的な武力行使という問題は，民主的な警察行為という問題と類似してくるかもしれない。

　警察行為としての物理的強制力を想定すると，その行使の回数を減らし，その濫用や誤用を阻止し，それを民主的にコントロールするには，誰がどのレベルで役割を果たせばよいのか。この問題への解答の手掛かりを探し求めるべきは，「正戦論」(Just War theory) の伝統であろう。すなわち，悪に対処する場合でも，武力による対処は最終手段とみなすべきであり (jus ad bellum)，なお，より少ない武力でもって対処し，そのさいに「悪を犯す相手もまた人間である」という点を忘れてはならない (jus in bello)。それはたとえば，武装強盗団と渡り合うさいに，警察官や機動隊がより被害を与えないような武器の使用を義務づけられ，あらかじめ警告や威嚇射撃というステップを要求されるがごとしである[30]。

　民主主義が法に従った政治であるという点から考えると，国際社会による強制措置としての武力行使も，既存の法に則したものであるか，新たな立法行為に基づくものでなければならない。国際法の整備が遅れる中で，自衛以外の武力行使を正当と呼びうるためには，少なくとも国連の授権を得ていることが条件となろう。民主国が形作る国際社会，および多国間民主主義を理想とする国連にあっては，武力行使を唯一正当化できるものは正戦論で言われる「正当な権威者」であるところの安保理の決定にほかならないからである。

　また，「武力行使を含むあらゆる措置を取りうる」という文言で語られる軍事的強制措置の決定が，不十分とはいえ多様な文化や文明を代表する安保理内で民主的に行われることも要件の一つに数えることができる。2003年2月にイラクへの武力攻撃を可能とする決議案を提出したのはアメリカ，

イギリス，スペインであったが，採択が困難と見たアメリカは，決議案を撤回し多数の支持ではなく有志連合（Coalition of the Willing）という迂回路を選択した。この意味で，イラク攻撃の決定は，民主国が行った開戦決定ではあるが，多国間において民主的かつ正当たらんとする国連の権威を貶めるものであった。

もとより，国内警察の出動の多くが非常事態でないのと同様，国際社会による武力行使も，C・シュミットのいう「例外状況」としてではなく，可能な限り合法的に実施されることが望まれる。冷戦終焉後，むしろ正当性を振り翳す介入主体国が，国際法の主権平等，内政不干渉などの合法性を「覆す」形で介入を行ってきた。このように「例外状況」の論理を持ち出せば，国内で「戒厳令」「大統領大権」などが民主的措置の停止を意味するように，その濫用による民主主義の精神からの逸脱は避けられない。

くわえて，国内とは比べものにならないほどの文化的，宗教的，イデオロギー的な多元性を内包する国際社会において，介入は能う限り「非単独」で実施されなければならないだろう。しかも，部隊を展開する民主各国には，文民統制を活かして自国兵士の国外活動についてモラル面も含め監視する義務が課される。多国籍軍，平和維持軍とはいっても母体となる派遣国があり，かれらの活動費の大半は派遣国が負担するわけであるから，税金の使途という角度からの議会コントロールも効果を挙げるであろう。また，警察官の不法行為が責任追及と賠償請求を免れないのと同様，現地で介入要員が犯す不正についても，より厳しく追及する仕組みが必要かもしれない。

いま，国際的警察・警護行為と多国間民主主義との両立を図るさいに最大の課題とみなされているのが，介入手段（jus in bello）の一部国家による寡占状態の改善である。実際に，正当な武力行使に物理的な貢献をなしうる国は限られている。介入の軍事的な手段はアメリカ，カナダとNATO，やや程度や技術の劣ったものとしてEUなどが保有するに過ぎない。つまり，国際的警察行為の担い手は，実は国際社会を歪んだ形でしか代表していないのである。

殺人や強盗の多発を想定して要員や装備を補充する国内警察とは異なって，介入の手段は富裕国の有り合わせに過ぎず，そのため，手段を圧倒的に多く持つアメリカが，どこに強制措置を施すかを「選択する」ことがで

きる。先述したように，多元的な国際社会における擬似警察行為の非単独性を確保するためにも，手段の整備やそれを可能にする主要国のいっそうの理解や協力が不可欠である。また，アフリカ連合（African Union）などの地域により密着した機構が独自の機動力を強化することも，民主的正当性の向上に結びつくかもしれない。

最後に，正当な強制措置とはいえ破壊，犠牲が避けられない以上，国際社会や介入した側が責任をもってそれらの修復に当たるという保証もまた必要であろう[31]。したがって，民主的な手段の問題は，擬似警察行為によって生じた損害に対する「回復」としての介入後の正義（jus post bellum）とも不可分である。介入を受けた国の領土の保全，破綻政府の除去から正当政府の樹立までの国際社会による支援，戦犯法廷を通じての正義の回復を欠いては，持続可能な民主主義はもとより，「介入前よりましな状態」を達成することができないからである。

いずれにしても，国際社会の平和や安全に対する差し迫った脅威を取り除くには，民主諸国家が，国際法やその精神をもとに多国間の協力を進めてゆく以外に民主的と呼べる方法はあるまい。ここでの民主主義とは，それらが繰り広げられる場である国連の権威を尊重し，いやそれを高めるように行動することをも意味する。

国際法学者ロバーツ（A. Roberts）によれば，テロとの戦いとてその主要な部分は情報と諜報であり，各国の警察との連携，容疑者の特定と捜索，訴追のための証拠収集なしに実効ある対策は打てない。しかもこれらは，一国ないし有志連合のみでなしうる作業ではなかった[32]。9.11事件からアフガン空爆を経てイラク戦争・占領に至る過程で得られた教訓とは，グローバル化した世界における民主主義への脅威に対処するさいの，「民主諸国家による民主的な連携」の測り知れない重要性であった。

〔付記〕
本章は，2005年度日本政治学会大会（明治大学）のラウンドテーブル「イラク戦争の政治学」で行った報告に加筆，修正をほどこしたものである。討論に参加された田中明彦，恒川恵市，中西寛，池内恵の各氏からは有益なコメントをお寄せいただいた。記して感謝を申し述べたい。

（1） Damilaville, article PAIX, in *Encyclopédie, ou Dictionnaire raisonné des sci-*

ences, des arts de des métiers*, facsimilé de la première édition de 1751, t. II, Stuttgart-Bad Cannstatt: Frommann Verlag G. Holzboog, 1966.
（2） Immanuel Kant, "Über den Gemeinspruch: Das mag in der Theorie richtig sein, taugt aber nicht für die Praxis", 篠田英雄訳「理論と実践」『啓蒙とは何か』（岩波書店, 1950年), 183-184頁。
（3） 押村高「カント・モーメント——ヨーロッパの平和実践における人間意志と理念の役割」, 大芝亮・山内進編『衝突と和解のヨーロッパ——ユーロ・グローバリズムの挑戦』（ミネルヴァ書房, 2007年), 75-98頁参照。
（4） Woodrow Wilson, "The World Must Be Made Safe for Democracy", Address to Congress Asking for Declaration of War, April 2, 1917, in John A. Vasquez (ed.), *Classics of International Relations* (New Jersey: Prentice Hall, 1996).
（5） Bruce Russett, *Grasping the Democratic Peace: Principles for a Post-Cold War World* (Princeton: Princeton University Press). 鴨武彦訳『パクス・デモクラティア——冷戦後世界への原理』（東京大学出版会, 1996年)。
（6） Mervyn Frost, "Common Practice in a Plural World: the Bases for a Theory of Justice", in Maria Lensu and Jan-Stefan Fritz (eds.), *Value Pluralism, Normative Theory and International Relations* (London: MacMillan, 2000), p. 18.
（7） Morton H. Halperin, Joseph T. Siegle, and Michael M. Weinstein, *The Democracy Advantage: How Democracies Promote Prosperity and Peace* (New York: Routledge, 2005), p. 96.
（8） アメリカ国民のイラク攻撃への賛否を問う2003年3月17日実施のWashington Post／ABC News 世論調査によると,「強く賛成」(54％) と「どちらかというと賛成」(16％) の合計が70％であるのに対し,「強く反対」(19％) と「どちらかというと反対」(8％) の合計が27％, 無回答が3％であった。反対の割合の合計は, 注(9) のアメリカの非戦主義者の割合にほぼ合致していた。http://www.washingtonpost.com/wp-srv/politics/polls/
（9） *The Japanese Version of World Values Survey*. 電通総研・日本リサーチセンター編『世界60カ国価値観データブック』（同友館, 2004年), 134頁。
（10） パスカル・ヴェネッソン, 佐藤壮訳「グローバリゼーションとヨーロッパ流の戦争方法——フランスとドイツにおける軍事的適応の政治学」, 大芝亮・山内進編, 前掲書123頁。
（11） Ipsos MORI, Political Monitor: Satisfaction Ratings 1979-Present, response to the question "Are you satisfied with the way Mr. Blair is doing his job as Prime Minister?", http://www.ipsos-mori.com/polls/trends/satisfacs.html
（12） スペインでは, 2004年3月11日に首都マドリードの3駅で列車が爆破

され，200人近くが犠牲となった。J.M.アスナール率いる民衆党政府は，イラク派兵反対への世論の高まりを恐れ，アルカイダのテロ関与という情報を「秘匿」して，テロはバスク分離独立主義者の犯行の疑いが強いという捜査見通しを公表した。しかし社労党は，このバスク説の矛盾や政府の秘匿を追及し，直後の総選挙では世論の圧倒的な支持を得て勝利している。選挙後首相となったJ・L・R・サパテロは，アメリカのイラク攻撃を「暴力や憎しみしかもたらさない人災」と批判し，有志連合から離脱してスペイン兵力を撤収させた。ここにも，セキュリティーの政治（同盟，生存，秘匿）とリベラルな政治（公開，非暴力，不正との戦い）の激しい綱引きがあったと考えることができる。M. Donald Hancock and Brandon Valeriano, "Western Europe", in Mary Buckley and Robert Singh (eds.), *The Bush Doctrine and the War on Terrorism* (London and New York: Routledge, 2006), p. 35.

(13)　押村高「国家理性の系譜学」『青山国際政経論集』No.44，1998年，75－92頁参照。

(14)　イラク戦争への各国の対応をリベラルな政治とセキュリティーの政治の対抗として描いたものに，次の文献がある。John MacMillan, "The Iraq War and Democratic Politics", in Alex Danchev and John MacMillan (eds.), *The Iraq War and Democratic Politics* (London: Routledge, 2005), pp. 9-12; Dan Keohane, "The United Kingdom", *Ibid*, pp. 65-74. また，民主各国の「テロとの戦い」が法治主義，民主政治に対して与えた影響についての比較研究として，以下が有用である。Jean-Claude Paye, *La Fin de L'État de Droit: La Lutte Antiterroriste de L'État d'Exception à la Dictature* (Paris: La Dispute/SNÉDIT, 2004).

(15)　Michael Ignatieff, *The Lesser Evil: Political Ethics in an Age of Terror, with a new preface by the author* (Princeton: Princeton University Press, 2004), pp. 11-12.

(16)　Antoine Garapon, "Les Dispositifs Antiterrorists de la France et des États-Unis", *Esprit*, No. 327, Août-Septembre 2006, Terrorisme et Contre-terrorisme: la Guerre Perpétuelle?, pp. 134-149.

(17)　押村高「最強者のおののき──帝国論争から読むアメリカの背理」『思想』No.975（2005年7月），岩波書店，29－32頁を参照。

(18)　F・フクヤマは，「アメリカ政治外交の世界に対するアカウンタビリティー」の問題を，21世紀民主主義の最大の課題の一つとして取り上げている。「われわれの理解が及んでいないのは，いかにして諸国家間に民主的アカウンタビリティーを創造するかという問題についてである。この問題は，合衆国の巨大さと覇権的な力によって余計に深刻なものとなっている。

そしてこの問題こそ，今日アメリカが世界において直面している困難の源泉なのである。合衆国は，世界の国々に対し軍事的，経済的，文化的影響力を行使することができる。しかし，かれらは合衆国に影響を行使できる力を持っていない。多くの非アメリカ人は，合衆国の選挙にも参加したいと望んでいる。しかし合衆国大統領は，合衆国の投票者のみにアカウンタビリティーを負うべきだと考えているのである」。Francis Fukuyama, "Democracy and the End of History Recisited", in Heraldo Munoz (ed.), *Democracy Rising: Assessing the Global Challenges* (Boulder: Lynne Rienner Publishers, 2006), p. 119.

(19) Stefan Halper and Jonathan Clarke, *America Alone: The Neo-Conservatives and the Global Order* (Cambridge: Cambridge University Press, 2004), pp. 268-269; 304.

(20) *The National Security Strategy of the United States of America*, 2002, Introduction, http://www.whitehouse.gov/nsc/nssintro.html

(21) Morton H. Halperin, Joseph T. Siegle, and Michael M. Weinstein, *op. cit.*, p. 103.

(22) Cf. Simon Chesterman, "Humanitarian Intervention and Afghanistan", in Jennifer M. Welsh (ed.), *Humanitarian Intervention and International Relations* (Oxford: Oxford University Press, 2004), pp. 163-171.

(23) *The National Security Strategy of the United States of America*, 2002, Introduction, http://www.whitehouse.gov/nsc/nssintro.html

(24) Commission on Human Security, *Human Security Now* (New York: Communications Development Incorporated, 2003), p. 60.

(25) *Ibid.*, p. 24.

(26) Gareth Stansfield, "The Transition to democracy in Iraq: Historical Legacies, Resurgent Identities and Reactionary Tendencies", in Alex Danchev and John MacMillan (eds.), *The Iraq War and Democratic Politics* (London: Routledge, 2005), p. 150.

(27) Commission on Human Security, *op. cit.*, p. 61.

(28) Donald L. Horowitz, "Democracy in Divided Societies", in Larry Diamond and Marc F. Plattner (eds.), *Nationalism, Ethnic Conflict, and Democracy* (Baltimore: The John Hopkins University Press, 1994), p. 40.

(29) 冷戦終焉後の紛争や武力行使の様態変化は，とくに国連憲章7章に基づく軍事的強制措置において著しいが，この点について，とくに国際平和活動に焦点を合わせて分析したものとして以下を参照。青井千由紀「紛争の変容と民軍関係の展開──戦略，活動，現場レベルの一貫性と統合に関する一考察」，上杉勇司編『国際平和活動における民軍関係の課題』（広島

大学平和科学研究センター, 2007), 35-50頁。
(30) 押村高「介入はいかなる正義にもとづきうるか――誤用と濫用を排して」『思想』No.993 (2007年1月), 岩波書店, 12-15頁を参照。
(31) 介入や平和活動のこのような「意図せざる結果」とその責任について包括的に論じたものに, 以下がある。Chiyuki Aoi, Cedric de Coning, and Ramesh Thakur (eds.), *Unintended Consequences of Peacekeeping Operation* (Tokyo: United Nations University Press, 2007).
(32) Adam Roberts, La ≪ Guerre contre le Terrorisme ≫ dans une Perspective Historique, traduit par Hélène Arnaud, in Gilles Andréani et Pierre Hasnner (dirs.), *Justifier la Guerre: de l'Umanitaire au Contre-terrorisme* (Paris: Science Po., 2005), p. 160.

デモクラシーと戦争

―― 政治思想としての国際政治 ――

北村　治＊

はじめに――政治と戦争／平和

　戦後民主主義のもとで展開された日本の政治学は，戦争の経験から「平和1」を志向する傾向が強かった。なかでも現実の政治状況の特徴を明らかにし，政治学の立場から平和の条件を徹底的に究明した，石田雄氏の『平和の政治学』は，いまでも示唆的である2。彼は，理念としての平和と現実としての政治を対峙させたうえで，「政治は平和の反対物と考えられる戦争と極めて近い関係にある」ことを認めながらも3，「平和の理念と政治の現実との矛盾を解決するという難問を，さけて通るわけにはいかない」ことを指摘している4。また，石田氏の平和の政治学は，平和と並んで民主主義（デモクラシー）5の理念を守られるべき，あるいは実現されるべき究極的な政治的価値とする規範的な政治学であった。このことは，政治について論じる際に最も多く用いられる概念の一つがデモクラシーであることと無関係ではない。

　周知の通り，国内の政治体制と（戦争と平和をめぐる）対外政策の関係を明確に指摘したのは，カントであった。カントは，永遠平和のために「各国家における市民的体制は，共和的でなければならない」と述べている6。そして，こうしたカントの国際政治思想に依拠しながら（「共和制」をリベラル・デモクラシーに置き換えて），国際政治学の領域で平和とデモクラシーの親和的な関係を指摘したのは，アメリカの国際政治学者マイケル・ドイルやブルース・ラセットである。彼らは，「デモクラシー国家どうしが戦争することはない」と主張する（デモクラティク・ピース論）7。しかし，

　＊　(財)政治経済研究所研究員，関東学院大学兼任講師，国際政治思想

この理論は，なぜデモクラシー国家が非デモクラシー国家と戦争するのか，という根源的な問いに答えるものではない。彼らも認めているように，歴史上，デモクラシー国家が非デモクラシー国家（とみなす国家）に対して戦争を仕掛けることは少なくない。

デモクラシーの国アメリカによる戦争が止まないなか，デモクラシーと戦争／平和の関係について再検討する必要があるのではないだろうか。かつてトクヴィルは，『アメリカのデモクラシー』のなかで，「すべてが新しい世界には新しい政治学が必要である」と述べている[8]。グローバリゼーションの進展によって主権国家から成る国際社会の変容が進むいま，「戦争の政治学」という新しい政治学を探究することは無意味ではないように思われる[9]。グローバリゼーションの進展と世界規模でデモクラシーが席巻するなかで，国境の内側においてはエスニック・マイノリティによるアイデンティティ承認の要求が起こり，途上国ではそれが内戦へと発展する場合もあるなど，近代デモクラシーの基盤としての主権国家の枠組みが揺さぶりをかけられている。こうした現状では，デモクラシーを問い直す戦争の政治学が必要視されている。

本稿の目的は，デモクラシーと戦争の親和性について，国際政治思想の領域から検討を加えることである。その際，「未完のプロジェクト」としてのデモクラシーが，その過程において戦争と結びついてきたことを明らかにしながらも，デモクラシーの徹底化による平和の可能性を探っていく。

1　デモクラシーと戦争の政治思想

デモクラシーは，政治について論じる際に欠かすことのできない概念であると同時に，常に論争の的であり続けてきた。そして，それは，政治思想史上，戦争と深い関わりあいをもっていた。周知の通り，デモクラシーは，古代ギリシアのデモクラティアに由来し，ポリスとくにアテナイにおいて制度的に設けられていた。「善き統治」のためには，デモクラシーが必要とされたからである。すなわち，公の議論によって意思決定に到達するという技術を欠かすことができないことを，アテナイ市民は発見したのである。デモクラシーも，それが政治制度として具体化されるためには，政治の論理から自由ではいられない。政治の機能が対立の調整や紛争の解決にあるがゆえに，政治の論理の帰結としてデモクラシーが要求されたので

ある。しかし，対外関係になると話は別である。政治とデモクラシーの関係において，「友敵関係」という政治的なものを政治の本質とするヤヌスの顔のもう一方が現れる。

　ところで，アテナイのデモクラシーを成立させた条件の一つは，奴隷制であった。奴隷制によって初めて市民は，労働から解放され，民会という公の場所で議論することができたのである。そして，こうした奴隷制の存在は，「隷属に値する者の主人たることを求めるための戦争」（アリストテレス）を正当化することをも促した。また，戦争開始を決定するのも，民会の重要な役割であった10。イギリスのギリシア史家モーゼス・フィンリーは，「ペロポネソス戦争への参加の決定が市民団全体をかなりよく代表する民会によって行われたこと」を指摘している11。

　古代ギリシアの歴史家トゥキュディデスが伝えたところによれば，アテナイの政治家ペリクレスは，ペロポネソス戦争の戦死者を悼む「ペリクレスの葬送演説」のなかで，市民が自己決定するデモクラシーのもとで最も勇敢な戦士となって自らの共同体を守ろうとしたことを称え，デモクラシーを賛美した。古代ギリシアでは，市民であることは戦士であることを意味していたわけだが，そうした市民である戦士にとってデモクラシーは，最も強い動機づけを与えるものであった。さらに，トゥキュディデスは『戦史』のなかで，帝国としてのアテナイの戦争観を叙述し，大国の統治にデモクラシーが適していないことを指摘している12。

　19世紀に入り，トクヴィルは，『アメリカのデモクラシー』のなかで，アメリカのデモクラシーに内在する好戦的性質を示唆し，デモクラシー国家が平和的で，しかも啓蒙化された外交政策を遂行する能力を有するであろうという理想主義的な考え方に対して懐疑の念を表明している。ときにデモクラシーが戦争を誘発し，拡大させる可能性をトクヴィルは指摘している。彼は，それを，デモクラシーの平等原理に立脚した，そうしたデモクラシー国家の軍隊では，下士官や下級将校がかれらの野心を実現し，栄誉と地位への渇望を満たしうるので，かれらの間に戦争を待望する雰囲気を作り出すことさえあるという現実に見て取った。デモクラシー国家の軍隊は，社会の身分構造をそのまま反映した貴族社会における軍隊（士官は貴族に限られ，下士官の出世の可能性は低い）とは異なる性格をもっているのである。

すべての人に開かれたデモクラシー国家の軍隊では、兵士は上昇の機会をうかがい、昇進を望む野心からいざ戦争になれば命を賭けて戦うのである。平等原理に立脚したデモクラシー国家において、社会的身分は何をなし遂げたかによって後からついてくる。「平和」は、軍功によって軍隊における地位と社会での尊敬を得られにくくさせ、兵士の不満を蓄積させるがゆえに、デモクラシー国家の軍隊は好戦的になるのである。トクヴィルは、デモクラシー国家において、市民が平和を望めば望むほど、軍隊は戦争を望むことになる、という「奇妙な結論」を引き出す。また、トクヴィルは、戦争の効用を次のように指摘している。「戦争は、ほとんどいつも人民の思想を大きくし、心を高揚させる。戦争なくしては、平等が自然に生み出すいくつかの傾向の行き過ぎた成長をとどめることができず、デモクラティクな社会の陥るある種の慢性病に対してこれを考えざるを得ないような場合がある」と[13]。

代表制デモクラシーを最善の体制だと考えるJ.S.ミルにあっても、対外政策においてはときに暴力的な植民地主義を正当化する。ところでミルは、デモクラシーの実験台としてのアメリカの動向に強い関心をもち、トクヴィルの『アメリカのデモクラシー』に深い感銘を抱いていた。しかし同時に、ミルは、トクヴィルが観察した「諸条件の平等」というデモクラシーの実体に対して否定的な側面があることを指摘している。すなわち、デモクラシーによる政策決定が軽率で長期的視点を欠いていることである。そのうえでミルは、デモクラシーの意義を、人民が最高の知性と能力をもつ政府を選択する最終の権限を有していることにあると考え、代議制を主張する[14]。

ミルのこうした見解は、彼の国際政治に対する姿勢をも規定している。ミルは、理想としては大国による植民地支配は廃止されねばならず、他国の内政に干渉し、その国を征服するという事態はあるべきではないと考えていた。しかしその一方で、当時、独立して代議政治を敷いている「未開」地域がほとんど存在しない状況のもとでミルは、イギリスの歴史的役割は干渉することによってこうした地域を「文明化」させ、独立の準備をしてやることだとも考えていた。また、ミルは、こうした地域への干渉は、イギリスの少数の教養のある議員によって進めるべきであると考えていた[15]。ミルの「内政不干渉」論は、平等な主権に基礎づけられた西欧国家体系の

なかでのみ適用を受けるものであって,「未開」とされる地域においては例外とされるのである16)。

このようなミルの見解は,西欧列強による国内政治はデモクラシー,国際政治は非デモクラシー(帝国主義)という論理を正当化する二律背反した思考と通ずる(大正デモクラシー期の日本においても同じである)。イギリスの法哲学者スチュワート・モサらは,戦争の制度化という観点から,こうしたデモクラシーと帝国主義の不幸な結合を「デモクラシーの帝国(democracy's empire)」とよんでいる17)。

これまでのデモクラシーと戦争に関する政治思想的考察から浮かび上がってくることは,国際政治の文脈からもデモクラシーと戦争について再検討する必要があるということである。そこで,次に国際政治の現実へと射程を延ばすことにする。

2　デモクラシーの戦争と国際政治

「冷戦」終結後,デモクラシーの威信は揺るぎないものになった。今日,世界中でデモクラシーは,「正統性の威風」(D.ヘルド)を獲得したものとして受け止められるようになったといえよう。こうした状況のもとで,戦争のほうは複雑な様相を呈するようになった。古典的な主権国家間の戦争とは異なる民族・宗教間の紛争など,イギリスの平和研究者メアリー・カルドーのいう「新しい戦争」が頻発するようになった。グローバリゼーションの進展に伴い国家が相対化し,その結果,主権国家から成る国際社会が変容するなかで,世界各地でアイデンティティをめぐる争いが起きている。主権国家間の戦争が違法化されるなかで,頻発する民族や宗教の差異に起因する現代の戦争は,これまでとは異なりアイデンティティ・ポリティクスをめぐって引き起こされることが多い。そしてそれは,ウェストファリア・システムにおける戦争と政治の関係とは無縁の,しかも従来の主権国家間の正規軍による戦争ではない18)。

国家と戦争の関係は,戦争装置としての国家の変質により異なるものになったかもしれない。しかしながら,これまでアメリカは,非デモクラシー国家に対して「デモクラシーの普及」を大義とする戦争を幾度となく行っており,いまでもこの点に変わりがない。すなわち,デモクラシー国家のアメリカは,非デモクラシー国家としばしば戦争をするのである。ドイ

ツの国際政治学者ハロルド・ミュラーたちは，デモクラティク・ピースの暗部として「デモクラシーの戦争（democratic war）」が存在することを指摘している19。ミューラーたちは，デモクラティク・ピース論ではデモクラシーが起こす戦争の実態を説明できないという問題提起をしたうえで，デモクラシーが深く関与した，デモクラシー国家による戦争のことを「デモクラシーの戦争」と名づけた20。

しばしばデモクラシーと平和の親和性が強調されてきたが，実際，両者の間には緊張関係が存在し，デモクラシーと戦争が結びつくことさえある。デモクラシー国家による国際政治が民主的でしかも平和的であるとは限らず，デモクラシーを標榜する国家が戦争を始めたり，「デモクラシーの防衛」や「デモクラシーの普及」を戦争目的に掲げたりすることも少なくない。たとえば，第一次世界大戦に際して，アメリカのウィルソン大統領は，参戦目的を「世界をデモクラシーにとって安全なものにする」ためであると宣言し，デモクラシーの普及を戦争の正当化の根拠とした。また，第二次世界大戦中にアメリカは，ファシズムから自由とデモクラシーを守るという大義名分をもって戦争に参加し，ローズベルト大統領は，アメリカを「デモクラシーの兵器廠」とよんだ。

いうまでもなくデモクラシーの国アメリカやイギリスの戦争を考えるとき，戦争へと至る歴史的背景を無視することはできない。とりわけ第二次世界大戦という「ファシズムに対する戦い」の正当性は疑えないように思われる。1940年にイギリスの政治学者アレキサンダー・ダンロップ・リンゼイは，6回にわたり英国放送協会（BBC）の放送講演にてデモクラシー論を発表している。ファシズムの台頭という状況のもとで，デモクラシーは危機に瀕しながらも，リンゼイのデモクラシーへの確信は揺るぎない。「わたしはデモクラシーを信じる」と語るリンゼイは，まず「1918年にはデモクラシーの脅かされない世界をつくりだすために戦っていたが，1940年の今日では，デモクラシーの存続のために戦わざるを得なくなってしまった」と語っている21。

リンゼイによれば，デモクラシー諸国が戦争をしているのは，領土などのためではなく，デモクラシーの精神を守るという英雄的な事柄のためであり，デモクラシーのなかにはどんな犠牲を払ってでも戦い守らねばならぬかけがえのない価値，つまり死に値するほどの価値が存在している。そ

して，リンゼイは，デモクラシーが話し合いによる平和的な解決方法を重視しながらも，デモクラシーが攻撃され，危険にさらされているときには，デモクラシーの恩恵に安住し自己満足する以上のことが必要であり，「デモクラシーのもつ英雄的な気高さ」が光り輝き，デモクラシーのために命を捧げることが求められていると述べている[22]。「ファシズムに対する戦い」という状況を考慮に入れたとしても，「平和と戦争におけるデモクラシー」と題するBBC放送の講演において，「すべてを捧げて国家に仕えようではありませんか」と問いかけるリンゼイの姿に，「デモクラシーの戦争」においてデモクラシーとナショナリズムが接合した戦争の論理を見ることができる[23]。

ところで「デモクラシーの戦争」という逆説的な関係は，冷戦期というパワーによって支えられた秩序が続いていた時期までは，ベトナム戦争などを除くとそれほど問題視されなかった。しかし，冷戦の終結によって，デモクラシーの国アメリカの外交理念として，デモクラシーの世界規模の普及によって平和が実現するという，ウィルソン主義が再び息を吹き返すことになると，「デモクラシーによる平和」が積極的に推進されるようになる。既述したようにデモクラシー国家は，しばしば戦争の主宰者となり，非デモクラシー国家に対して戦争を仕掛けることが少なくない。デモクラシーの普及を大義とするアメリカの軍事介入は，「デモクラシーの戦争」そのものである。そこには，「デモクラシーによる平和」のために，武力を行使してでもデモクラシーを普及させるといったパラドックスが存在する。アメリカが「デモクラシーの帝国」となるとき，アメリカは，「デモクラシーによる平和」という目的のために，「戦争」という手段をもってしてもそれを達成しなければならないといった「使命」を全うしようとするのである[24]。

3　デモクラシーのための正義の戦争

「冷戦」後，多くの国で，デモクラシーは国民国家の政治制度となる。それは，近代以降のデモクラシーとナショナリズムとの親和性を物語っており，両者が離れがたく結びついていることを示している。9.11以後のアメリカで高揚したナショナリズムや愛国主義を後ろ盾にして，ブッシュ大統領は，テロとの戦いを「デモクラシーのための正義の戦争」であるとし，

それを正当化した[25]。これは，南北戦争を指揮したリンカン大統領にも似たアメリカ外交の伝統といえる。イラク戦争を開始した2003年3月のブッシュ大統領への支持率は，70％を越えていた（現在は30％を下回るぐらいまで急落している[26]）。当初，「デモクラシーのための正義の戦争」であるテロとの戦いに際して，戦争に反対するアメリカ国民はしばしば非難の対象にされた。

　むろんナショナリズムは歴史的な観点から評価されなければならず，ナショナリズムそれ自体が悪であるわけではない。ナショナリズムには，功罪両面が備わっている。とりわけ被抑圧民族によるナショナリズムの歴史的な意義を否定することはできない。しかし問題となるのは，排外的ナショナリズムが戦争を助長し，国内においてナショナリズムが戦争を支持する国民意識を形成すること，またさらに戦争によってナショナリズムが高揚するといった関係である。デモクラシーとナショナリズム，さらにはその侵略的形態としての帝国主義と戦争との歴史的関係は根深い。国民国家の創造こそ，戦争に際して国民全体を動員していく不可欠の条件である。国家が国民に平等な権利を与えることにより国民は一体感を覚え，それが戦争協力を取り付けることを容易にするのである[27]。

　19世紀と20世紀とを比較すれば，デモクラシーの拡大が20世紀においてきわだっていたにもかかわらず，20世紀には戦争の回数と規模が著しく増大した。デモクラシーは，国民が自発的・積極的に戦争を支持するようにするために用いられ，その結果，デモクラシーは戦争によってかえって深化していった。第一次世界大戦以降，戦争が総力戦の様相を帯びるようになると，たとえばアメリカでは国民総動員の要求から，この傾向に拍車がかかった。具体的には，戦争がアメリカ国民の動員を必要とするかぎり，アフリカ系アメリカ人に対する人種差別など国民の動員の障害となるものは制度上除外されていった。戦争は，デモクラシー国家に一種の平等化の契機をもたらすのである[28]。

　デモクラシーとナショナリズムの関係は，両者に共通する同質性の観点からみることができる。いうまでもなくナショナリズムは，国民意識の同質化を促してきた。近代デモクラシー（ナショナル・デモクラシー）は，このような同質性を前提として深化してきた。すなわち，近代デモクラシーは，国民国家の統合力が生み出した共通の国民意識を前提としている。

それは，戦時になるといっそう拍車がかかる。その意味で戦争とデモクラシー，ナショナリズムは，いわば三位一体の関係にあるのである。

ところで，現在のアメリカ・ブッシュ政権の外交目的には，自由やデモクラシーなど普遍的価値の拡大が含まれている[29]。そして，ブッシュ大統領は，自らの基準に則して「自由とデモクラシー」のためなら武力行使をいとわないと考える。9.11以後のアメリカでは，「正戦論(just war theory)」に依拠しながら，ブッシュ政権がすすめるテロとの戦いを正当化する議論が盛んである。すなわち，テロリズムに対する「デモクラシーのための戦争」は正義であるとして，正戦論にその正当化根拠を求めようとする議論である。この議論の特徴は，「イスラム原理主義[30]」によるテロリズムに対して武力を行使することは，アメリカの自衛権の範囲であるからして正当な行為であり，そうしたテロに対する自衛権を道徳的に基礎づけようとするところにある。正戦論の観点からアメリカの武力行使の正当性を主張するこうした議論は，今すぐにではなくとも，将来において脅威になりうる国を攻撃するという「予防戦争（preventive war）」の観念を受け入れているといえないだろうか[31]。

アウグスティヌスやトマス・アクィナス，グロティウスらの正戦論を伝統としてもつ，戦争を「正しい戦争」と「不正な戦争」とに分かつ現代の正戦論は，現実主義とも平和主義とも異なる思想であり，単に侵略に対する自衛戦争の正当化だけでなく，憎悪によって動機づけられた理性に反する（侵略）行為に対して，国際的な公共秩序に責任を有する「正統な権威」が担う義務を強調している。マイケル・ウォルツァーやジーン・エルシュテインらは，正戦の要件として，①「戦争に訴えることの正義（jus ad bellum）」（正当理由（justa causa）や正当意図（recta intentio）などを含む），②「戦争における正義(jus in bello)」，③「戦争結果の正義(jus post bellum)」を挙げている[32]。

アメリカにとってデモクラシーを守るための正義の戦争であるイラク戦争が，上記の正戦の要件をすべて満たしていないことは明らかなように思われる。他のいかなる予防措置をも用いることができないほどの脅威の切迫性，大量破壊兵器の有無，誤爆による非戦闘員（一般市民）の犠牲，「戦後」といわれる現在の混乱などに鑑みて，戦争がなされる前の悪よりもなされた後の善のほうが大きいとはいい難い。たしかに，もともと正戦論は，

戦争の無制限の拡大と残虐化に対する歯止めを意図したものであった。その点で、無差別戦争観とは異なっている。しかし、戦争の正／不正を裁定する主体が存在しないアナーキーな国際社会33において、実際には正戦論は、戦争の開始を正当化するために恣意的に用いられてきた。正戦論のパラダイムでは、交戦国が「正しい戦争」を主張しさえすれば、その戦争は正しいものになってしまう。その結果、かえって戦争を増大させることになることは歴史が証明している。

　国際的な公共秩序に責任を有する「正統な権威」をアメリカが自任し、デモクラシーの普及をめざして「デモクラシーの戦争」をおこなうとき、J.S.ミルの「未開」地域の文明化を企図する介入論が思い出される。デモクラシーの普及は、アメリカに課された「明白なる運命〔マニフェスト・デスティニー〕」なのだろうか。武力によって外からデモクラシーを移植したとしても、制度を整えさえすればデモクラシーが根付くわけではない。デモクラシーの原理を「万人を当事者とする政治」（福田歓一）と解するならば、対話や参加、非暴力といった「方法としてのデモクラシー」が重要であるように思われる。

おわりに——デモクラシーの徹底化にむけて

　これまで論じてきたように、デモクラシーと戦争の親和性は否定しがたい。しかし、それは歴史的な観点においてであり、歴史を抜きには語れないものの、デモクラシーが原理的に戦争やナショナリズム、国民国家と一体であるわけではない。デモクラシーが「未完のプロジェクト」であるがゆえに絶対化せず、進行形で語られるべきデモクラシーの理念と平和とが結びつく可能性をも否定する必要はない。デモクラシーの不在は、たとえ戦争がなくとも平和とはいえない。

　本稿において、これまでデモクラシーを批判的に捉え、戦争との親和性を強調してきた。それは、そうした関係を熟慮することなしに、「デモクラシーによる平和」を原理的に探求することができないように思われたからである。デモクラシーが成熟化する過程で戦争と結びつくことは歴史的に見て少なくないが、それでもデモクラシーの徹底化によって平和への希望を見出さざるを得ない現在の「世界内戦」状況が存在する。エイミー・ガットマンは、9.11以後のアメリカにおけるデモクラシーの危機的状況を顧慮しながら、討議的デモクラシーに希望を見出している34。戦争の開始と

いう市民生活に影響を与える決定は，市民のあいだの自由な公的討議によって取り決められるべきである。戦争をすべきかどうかを決定するために市民の賛同を必要とするのが，デモクラシーではないだろうか。カントもまた次のように述べている。「国民は戦争のあらゆる苦難を自分自身に背負いこむ……こうした割に合わない賭け事をはじめることにきわめて慎重になるのは，あまりにも当然のこと」である[35]。

デモクラシーは，必ずしもナショナルな領域に限定される必要はない。グローバリゼーションの進展による国民国家の揺らぎのなかで，戦争を支えた同質的な「国民」の観念を前提とするナショナル・デモクラシーは，根源的に問い直されようとしている。いまやデモクラシーは脱領域化し重層化し始めており，ローカル・デモクラシーのみならずグローバル・デモクラシーの可能性をも否定することはできない。そのような観点から，戦争・デモクラシー・ナショナリズムという三位一体に代わって，平和・デモクラシー・コスモポリタニズムを積極的に追求することは無意味なことでない。

ただし，まずはナショナルな領域において，デモクラシーと平和を結び合わせる必要がある。かつて宮田光雄氏は，憲法に支えられている非武装平和の精神を原点に据えたうえで，日本の平和主義の拠るべき態度として，軍事的防衛とは異なる，非暴力抵抗を有効な防衛政策とする「市民的防衛」を提唱し，「市民的防衛の基本的前提条件をなすものは社会的デモクラシーの体制である」と述べている[36]。さらに，宮田氏は，「市民的防衛をデモクラシーの軌道に引き入れるには，交互的な威嚇の悪循環とそこから生まれる『不安と暴力の症候群』を打破し，その技術と理念，手段と目標とを正しい関係におき直すことが必要である」として，デモクラシーを脅かす現実の危険に対する「自発的な市民の反対行動」を示唆している[37]。

チャーチルは，「デモクラシーは最悪の政体である。ただし，人類がいままで経験したあらゆる政体を除いて最悪の政体である」という有名な言葉を残した。実際，他の政体を除いたとしても，デモクラシーには多くの問題がある。しかし，平和な生活を望む世界の市民にとって，万人の主体的な政治参加と話し合いによる合意形成，平和的な方法による問題解決によって秩序が形成される理念としてのデモクラシーはなおも追求されるべきである。実践としてのグローバルな平和運動によってデモクラシーの徹底

化が期待できるのではないだろうか。制度としてのデモクラシーに対して冷徹な観察をおこないながらも，現実を批判する運動としてのデモクラシーに可能性を見出すことを抜きにして，デモクラシーの戦争を止揚することはできない。それは，デモクラシーを根源的(ラディカル)に捉えなおすことでもある38。

(1) 周知の通り，平和研究の創始者の一人ヨハン・ガルトゥングは，平和を「消極的平和」(戦争など直接的暴力が不在の状態)と「積極的平和」(直接的暴力のみならず社会的不正義など構造的暴力が不在の状態)とに分けて論じている。この点に関しては，ヨハン・ガルトゥング(高柳先男，塩屋保，酒井由美子訳)『構造的暴力と平和』中央大学出版部，1991年を参照されたい。ただし本稿では，こうした区別を支持しながらも，「戦争と平和」という伝統的な二分法を用いる。
(2) 石田雄『平和の政治学』岩波書店，1968年。
(3) 同5頁。そもそも政治の観念が平和的であるとは限らない。言うまでもなく，クラウゼヴィッツにとって「戦争とは他の手段をもってする政治の継続である」し，またカール・シュミットは，戦争は政治の例外状況ではなく政治の本質であるとして，友敵関係のなかに「政治的なもの」を捉えている。
(4) 同8頁。
(5) かつて千葉眞氏は，実際の状況や制度を問題とする場合には「民主主義」を，理念や原理を指し示す場合には「デモクラシー」とする使い分けを行った。千葉眞『ラディカル・デモクラシーの地平─自由・差異・共通善』新評論，1995年，6−7頁を参照。千葉氏のデモクラシーを「未完のプロジェクト」としてつねに過程のなかにあり，自己絶対化を原理的に拒否しつつ，「民主主義の種々の問題点を克服するのはデモクラシーの徹底化，成熟化をおいてはないという立場」に同意する。ただし，以下，本稿は「デモクラシー」という用語で統一する。それは，本稿のデモクラシー(論)の内在批評という目的上，そうすることによって，デモクラシーへの過度の思い入れを相対化しながら，素朴で純粋なデモクラシー賛歌を排し，デモクラシーと戦争の関係について検討しうることが可能になると考えているからである。

このことは，とりわけ戦後の日本では，デモクラシーが一つの政治制度をあらわす言葉ではなく，一つの価値理念をあらわす言葉でもあるという事実を否定するものではなく，「善き統治」を構成する重要な要素であるデモクラシーは，平等や自由のみならず平和といった諸価値と不可分の理念

として扱われるべきであるという立場にたつ。したがって，デモクラシーに否定的と受け止められうる本稿は，実際のデモクラシーがこれまで平和ではなくむしろ戦争と親和的であったという逆説を指摘し，デモクラシーの危険性を論じているものの，反デモクラシー論ではない。しばしば懐疑的な態度をとりながらも，「真の平和は，真のデモクラシーから」という視点から，本稿の最後でデモクラシーの徹底化による平和の可能性を追求する。

(6) カント（宇都宮芳明訳）『永遠平和のために』岩波書店，1985年，28頁。カントのいう「共和制」とは，自由と平等の権利が確保された国民が，共同の立法に従い，そして代表制を採用し，国家の執行権（統治権）と立法権とが分離している国家体制のことである。なお，カントは，君主制や貴族制とならぶ「支配の形態（forma imperii）」の一つである民衆制（デモクラシー）と「統治の形態（forma regiminis）」である共和制とを区別している。本稿の目的から外れるので，カントの共和制概念についてこれ以上論じないが，これに関しては，拙稿「カントの国際政治思想―デモクラシーと戦争／平和」『中央大学社会科学研究所年報』第11号，2007年，157-169頁を参照されたい。また，拙稿「カントの永遠平和論と現代―『新しい戦争』時代の世界市民」萩原能久編『ポスト・ウォー・シティズンシップの構想力』慶應義塾大学出版会，2005年や拙稿「カントと反戦・平和主義―9.11後世界の政治理論」千葉眞編『平和運動と平和主義の現在』風行社，近刊も参照されたい。

(7) Michael Doyle, "Kant, Liberal Legacies, and Foreign Affairs," *Philosophy and Public Affairs*, No. 12, Vol. 3, 4, 1983; Bruce Russett, *Grasping the Democratic Peace: Principles for a Post-Cold War World*, Princeton: Princeton University Press, 1993（鴨武彦訳『パクス・デモクラティア―冷戦後世界への原理』東京大学出版会，1996年）.

(8) トクヴィル（松本礼二訳）『アメリカのデモクラシー』岩波書店，2005年，16頁。なお，トクヴィルの再評価に関しては，Sheldon S. Wolin, *Tocqueville Between Two Worlds: The Making of a Political and Theoretical Life*, Princeton: Princeton University Press, 2001 が示唆的である。

(9) たしかに，これまでにも「戦争の政治学」は存在していた。しかし，「国際政治思想」の領域からなされるものは，比較的新しいといえる。なお，国際政治思想とは何かについては別稿を予定しているが，さしあたり Edward Keene, *International Political Thought: A Historical Introduction*, Cambridge: Polity Press, 2005 を参照されたい。

(10) 詳しくは，Loren J. Samons, *What's Wrong With Democracy?: From Athenian Practice to American Worship*, California: University of California Press,

2004を参照されたい。
(11) M.I.フィンリー（柴田平三郎訳）『民主主義―古代と現代』講談社, 2007年, 136頁。
(12) トゥキュディデス（久保正彰訳）『戦史』岩波書店, 1966年。なお, アテナイのデモクラシーの帝国主義的性質に関しては, Jacqueline Romilly, *Thucydides and Athenian Imperialism*, Manchester: Ayer Company Publishers, 1979; Loren J. Samons, *Athenian Democracy and Imperialism*, Boston: Houghton Mifflin, 1998 が詳しい。
(13) Alexis de Tocqueville, *De la démocratie en Amérique*, Pléiade, pp. 782-787. また, 松本礼二「民主主義国は戦争をしないか―トクヴィルの戦争論・軍隊論の視点から」『政治思想研究』第5号, 2005年, 1-16頁も参照。
(14) ミルは, 1835年と1840年に『ロンドン・レヴュー』誌に掲載されたトクヴィルの「アメリカのデモクラシー」（前後編）に対して, 同誌上で「トクヴィル―アメリカのデモクラシー」という評論を書いている。J. S. Mill, "Tocqueville: American Democracy," in *Collected Works of John Stuart Mill*, Vol. XVIII, Toronto: University of Toronto Press, 1931, pp. 71-72.
(15) John Stuart Mill, "A Few Words on Non-Intervention," in Chris Brown, Terry Nardin and Nicholas Rengger eds., *International Relations in Political Thought. Texts from the Ancient Greeks to the First World War*, Cambridge: Cambridge University Press, 2002, pp. 486-493. もともとこの論文は, *Fraser's Magazine* (1859) に掲載されたものである。なお, Michael Walzer, "Mill's "A Few Words on Non-Intervention": A Commentary," in Nadia Urbinati and Alex Zakaras eds., *J. S. Mill's Political Thought: A Bicentennial Reassessment*, Cambridge: Cambridge University Press, 2007, pp. 347-356 も参照。
(16) この点に関しては, Karuna Mantena, "Mill and the Imperial Predicament," in Nadia Urbinati and Alex Zakaras eds., op. cit., pp. 298-318; Stephan Holmes, "Making Sense of Liberal Imperialism" in Nadia Urbinati and Alex Zakaras eds., op. cit., pp. 319-346; Justin Rosenberg, "Just War and Intervention: The Challenge of the International for Social and Political Thought," paper presented at the Joint Social and Political Thought, International Relations and Politics Seminar Series on the Kosovo War, Sussex University, May 27, 1999 が示唆的である。なお, コソヴォ空爆と「人道的」介入に関しては, 異なる視点から論じた拙稿「世界市民法と人道的介入―カントとハーバーマスの国際政治思想」『政経研究』第84号, 2005年, 16-30頁と拙稿「戦争・正義・人道的介入―倫理的な国際政治の思想と現実」『中央大学社会科学研究所年報』第10号, 2006年, 27-47頁を参照されたい。
(17) 詳しくは, Stewart Motha ed., *Democracy's Empire: Sovereignty, Law, and*

Violence, Oxford: Blackwell Publishing, 2007 を参照されたい。なお，9.11以降のアメリカの帝国秩序に関しては，藤原帰一『デモクラシーの帝国――アメリカ・戦争・現代世界』岩波書店，2002年が示唆的である。
(18)　Mary Kaldor, *New and Old Wars: Organized Violence in a Global Era*, Cambridge: Polity Press, 1999（山本武彦，渡部正樹訳『新戦争論――グローバル時代の組織的暴力』岩波書店，2003年）．
(19)　Anna Geis, Lothar Brock and Harald Müller, *Democratic Wars: Looking at the Dark Side of Democratic Peace*, London: Palgrave, 2006.
(20)　Ibid., 3-12.
(21)　A.D.リンゼイ（永岡薫，山本俊樹，佐野正子訳）『わたしはデモクラシーを信じる』聖学院大学出版会，2001年，8頁。
(22)　同，7－15頁。
(23)　同，69頁。なお，ラスキは，「ファシズムに対する戦い」を支持するものの，戦争一般に関しては批判的であり，カウフマンのように「戦争こそ民族的意思の至高の表現である」という極端な見解に対して異議を唱え，「戦争の始まるところに自由は終わる。戦争の始まるところ，係争中のいかなる問題の正しい解決も，その機会が無期限に遅延される。近代的条件の下では，戦争が開始されるや，国民全体が戦争の渦中に巻き込まれるが，戦争の準備および宣戦に関しては，事情が異なる……それは国家の機関がやることであって，かれらは人民のためにはたらくものとされながら，その実，擁護する利益は，人民の利益とは全く齟齬することもありえよう」と述べている。H.J.ラスキ（飯坂良明訳）『近代国家における自由』岩波書店，1974年，250頁。
(24)　藤原帰一，前掲書参照。
(25)　現実主義者と目されるアメリカ外交史家ジョージ・ケナンは，アメリカの介入主義に対して批判的な立場をとり，彼の批判精神は，ベトナム戦争や核軍拡へと向かう。そうした彼の「批判的現実主義」ともいうべき現実主義は，いうまでもなく現状肯定的な軍事力重視の現実主義とは一線を画しており，「法律家的・道徳家的アプローチ」とは異なる立場にたちながらも，道徳的禁欲主義と均衡感覚とを伴うものであった。その彼の「戦争一般―― いかなる戦争でも ――が，民主国家の目的を達成するための手段として限界をもっていることを，理解していないこと」を批判する見解は重い。ジョージ・F・ケナン（近藤晋一，飯田藤次，有賀貞訳）『アメリカ外交の50年』岩波書店，2000年，133－134頁。
(26)　ニューヨーク・タイムズ世論調査などを参照。
(27)　たとえば，Steven L. Burg, *War or Peace?: Nationalism, Democracy, and American Foreign Policy in Post-Communist Europe*, NY: New York University

Press, 1996 や浜林正夫『ナショナリズムと民主主義』大月書店, 2006年を参照。
(28) Quincy Wright, *A Study of War*, Chicago: Univercity of Chicag Press, 1983 などを参照。
(29) 同様にイギリスのブレア政権も「価値外交」を展開している。日本の麻生外相が打ち出した「自由と繁栄の弧」構想もそれらと共通しているといえる。
(30) 「イスラム原理主義」という呼称には, 人種主義的な西欧中心の世界観が表されていることを指摘しておく。
(31) 予防戦争の概念とアメリカのデモクラシーについて詳しくは, Scott A. Silverstone, *Preventive War and American Democracy*, London: Routledge, 2007 を参照されたい。
(32) 詳しくは, Michael Walzer, *Just and Unjust Wars: A Moral Argument with Historical Illustrations* (4th edition), NY: Basic Books, 2006; Jean Bethke Elshtain, *Just War Against Terror: The Burden of American Power in a Violent World*, NY: Basic Books, 2003 を参照。
(33) 国際社会の観念については, ヒデミ・スガナミ（拙訳）「国際社会とは何か—英国学派の理論的貢献」『思想』岩波書店, 2007年1月号を参照されたい。
(34) 詳しくは, Amy Gutmann and Dennis Thompson, *Why Deliberative Democracy?*, Princeton: Princeton University Press, 2004 を参照されたい。
(35) カント, 前掲書, 32-33頁。とはいえカントの時代においては, 国民自身が君主たちよりもいっそう熱情的に戦争を支持し求めるようになる, ナショナリズムの時代を予見することはできなかった。
(36) 宮田光雄『非武装国民抵抗の思想』岩波書店, 1971年, 117頁。
(37) 同, 120-121頁。
(38) たとえば, John Keane, *Violence and Democracy*, Cambridge: Cambridge University Press, 2004; Iris Marion Young, *Global Challenges: War, Self Determination and Responsibility for Justice*, London: Polity Press, 2007 を参照されたい。

戦争と政治理論

―― 平和の政治理論の構築に向けた正戦論批判 ――

太田義器*

1 はじめに

　冷戦の終結は，戦争の終結をもたらさなかった。むしろ冷戦以後の世界は，絶え間ない戦争の連続によって特徴づけられるようにさえ思われる。だが，冷戦の終結が戦争に関して好ましい帰結をもたらさなかったわけではない。というのは，今日ではかつてのように戦争のイデオロギー的正当化は説得力をもたないからである。あるいはより積極的に言い換えるならば，戦争について批判的吟味を可能にするような理論的考察への社会的ニーズの高まりが見られるからである。

　このようなニーズに対して（規範的）政治理論のなかからどのような応答ができるのかを考えたとき，われわれが手にしている道具立ては必ずしも多くない。政治理論において戦争は，その中心的主題とはされてこなかったからである[1]。こうしたなかで，そうした社会的ニーズに応える政治理論として正戦論が，今日注目されている[2]。するとわれわれは政治理論が戦争（と平和）をめぐってどのような研究上の課題を抱えているのかを明らかにしたいならば，正戦論の批判的吟味から始めるのがよいだろう。こうして本稿の目的は，政治理論としての正戦論のいわば性能を精査し，そうすることを通じて戦争と平和をめぐる政治理論の課題を明らかにすることである。

　具体的な争点は，戦争における民間人の死を前提にしてなお正戦論は正戦がありうると主張することができるか否かにある。というのは，現代の正戦論は20世紀になって復活したものだが，そのとき戦争はかつてとは異

---

*　摂南大学外国語学部・准教授，政治学・政治思想史

なって，民間人の死をほとんど不可避的にともなうものになっていたからである。

以下，本稿では，まずどのような議論を正戦論として想定するか，その大枠を設定し，ついで正戦論のなかで民間人の死が特別に問題である理由を確認する。そのうえで，民間人の死と正戦論とを両立可能なものとして示そうとして，double effect 論を展開している議論を批判的に吟味する。その際，論点は「副作用」という曖昧な概念と，比例原則におかれる。以上の検討を通じて本稿は，正戦論が通常理解されている以上に厳格な制約を戦争に対して課すものであることを明らかにするとともに，それでもなお戦争についての政治理論として理解した場合，きわめて重要な難点があることを指摘し，もって戦争と平和をめぐる政治理論の研究課題を抽出する。

2　正戦論についての今日の争点

正戦論については，これを一つのまとまった理論体系とみなすことはできないとの見解がある一方で（Clark 1988），まったく反対にきわめて厳密な少数の原則のまとまりとして提示する論者もいる（Evans 2005）。だが，残念なことに後者の立場から，なぜ他ではなく，その体系が選択されるのかについての説明はなされていない。むしろ論者自身によって，それが他の論者と必ずしも共有されていないことが強調されている（Evans 2005: 1）。確かなのは，論者のあいだにはどのようなものが正戦論であるのかについての見解の相違があることである。このような状況においては，誰か特定の論者（たち）の議論を特権的に権威的な正戦論の姿とみなすことはできない。だが，同時に，論者がどのような議論を正戦論として想定しているのかを明示しないで議論することも，混乱に拍車をかけるだけになる。そこで本稿では，現代の正戦論者たちにおいておおよその共通了解となっていると思われるところを基準に，以下の前提的理解をもって個々の論点を検討することにする。

第一に正戦論とは，正しい戦争は許されるが，正しくない戦争は許されないと主張する議論であり，したがって戦争制限論であると同時に戦争正当化論でもある（Clark 1988: 35）。この点で重要なのは，正戦論がたんに合法性だけを基準に戦争の正しさを議論するものではない点である。正戦論

が言う正戦は,「合法な戦争」からは区別される（坂口 2006：211-213）。

　第二に,上の主張を展開するために,正戦論は二種類の条件を設定する。すなわち,jus ad bellum と呼ばれる戦争を開始することの正当性を問う条件と,jus in bello と呼ばれる戦争遂行行為の正当性を問う条件である[3]。

　第三に,jus ad bellum の内容としては,異論のないところという観点からは,(1)自衛という正しい原因をもつこと,(2)戦争によって引き起こされる損害が,戦争によって獲得される利得を下回っていなければならないという比例原則の二つを想定する。

　同様に jus in bello としては,(1)軍事／非軍事（military/civilian）を区別して,後者を攻撃目標にしないという差別原則,およびそのより特殊なものとして民間人の保護（noncombatant immunity）原則,(2)作戦および戦闘行為によって引き起こされる損害が,それによって獲得される軍事的利得とつりあっていなければならないという比例原則の二つを想定する。

　以上は,今日の正戦論の共通了解であり,とくに論争的なところはない。だが,次の点についてはとくに注記しておきたい。

　正戦論が戦争に正しいものと不正なものを弁別することができると主張する議論である点は,きわめて重要である。この弁別の能力がないならば,正戦論はその名に値しないとさえ言える。すべての戦争が正しいものとみなされる場合にも,反対にすべての戦争が不正なものとみなされる場合にも,あえて戦争の種別として正戦なるものを設定する意味はないからである。そして正戦論は,通常,jus ad bellum と jus in bello の双方が満たされることを正戦の条件としている。この点では jus in bello のみを満たしていたとしても,正戦と認められないことには異論を唱える者はいない。ところが,jus ad bellum を満たしていれば,jus in bello を満たす必要はないと論ずる者がときにいるのである。だが,後に明らかにするように,上で示した jus ad bellum と jus in bello には内的連関があり,したがってなぜそれぞれが正戦の条件であるのかという根拠に立ち戻るならば,前者だけ満たして,後者を満たさなくてもよいという議論は,理論としての一貫性を甚だしく欠く。より具体的に言うならば,防衛という正しい原因さえあれば,差別原則は無視してもよいと言うのであれば,なぜ防衛が正しい原因になるのかを説明することはきわめて困難になるだろう。そしてそのときには,たとえばイデオロギーの防衛であるとか,体制の維持であるとか,通常の

意味での防衛以外の何であれ正しい原因であると主張することが可能になろうから，そのような議論はもはや戦争制限論としての特徴を維持しえないように思われる。そして今述べたように，一方的な戦争正当化論であれば，それはもはや正戦論とは呼べない。したがって，jus ad bellum さえ満たせば，jus in bello は侵害してもかまわないとの議論は，正戦論と呼ぶことはできない[4]。

さて，現代の戦争は，すでに言及したように，民間人の死をともなうことを特徴としており，したがってこのように想定された正戦論の論点のなかでは，差別原則／民間人の保護原則が争点となる。

現代の戦争においては民間人の死をもたらさざるをえないのだとすれば，単純に考えれば，正戦論のとりうる選択肢は二つである。第一の選択肢は，現状を受け入れ，この原則を正戦の条件から除外することである。この場合，戦争制限論としての側面は著しく後退し，もはやわれわれの想定するたぐいの正戦論とはみなせない。第二の選択肢は，反対に，民間人の死をともなう戦争すべてを，したがって現代の戦争のほとんどすべてを，正戦とは認めないことである。この方向性は，modern war pacifism と呼ぶことができ，正戦論と言うよりも平和主義の一種である。

第一の選択肢では戦争制限論としての側面が損なわれ，第二の選択肢では戦争正当化論としての側面が損なわれるのである。ここにおいて戦争制限論であると同時に戦争正当化論でもあるというわれわれの想定する正戦論のかたちを維持する重要な要素として登場するのが，double effect 論である。それゆえ，double effect 論こそが今日の正戦論の中心的争点であると言えるのであり，以下ではこれを用いて正戦論の理論としての精緻化を試みている議論に焦点を絞り，批判的な吟味を行う。

double effect 論は，批判者たちからは過度に許容的であると思われている一方で，受容者たちからはあまりにもおおざっぱに理解されているように思われる。したがって，議論の焦点は，double effect 論をできるだけ曖昧なところのないかたちで理解しようとすると同時に，それが過度に許容的なのか，それとも正戦論の一部として用いることができるだけの制約性をもつのかを見定めることである。

3 差別原則／民間人の保護

3.1 民間人保護原則の根拠

　double effect 論に進むに先立って，まずは民間人保護原則／差別原則について，その内実を確認しておきたい。すると，この原則をめぐって話題になっているのは，(1)民間人が保護されるべき根拠，(2)兵士の殺害が許される根拠（兵士の非保護/combatant non-immunity）（Walzer 1997/2000: 135-137, 144-147）の二点である。

　第一の論点は，本稿で noncombatant に「民間人」を充てていることの奇妙さにも現れているように，保護されるべき集団の特性を用語が適切に示しておらず，このために用語上の混乱の中でその特性がどのようなものなのかが曖昧になっていることと関連している。この混乱は，英語の場合，noncombatant と civilian (population) と innocent が互換的に用いられているところにも現れている。民間人が保護されるべきなのは，非戦闘員だからなのか，それとも文民だからなのか，あるいはそれとも無辜の者だからなのか。たとえば，民間人だということが根拠ならば，徴兵された兵士はどうなるのだろうか。徴兵された兵士は，兵士であることを自ら選択したわけではないのに，なぜ志願兵と同じように民間人保護原則の対象ではなくなるのだろうか。あるいは無辜であることが根拠ならば，戦場に送られた兵士たちが適用除外されながら，これらの者たちを送り出した政治家たちには適用されるのは，奇妙ではないか。このような一連の問いが生じてくるからである。

　こうした疑問に答えうる根拠を提出しているのは，Coates 1997 である (235)。かれによれば，民間人を保護すべき根拠は，innocent という語の原義から説明される。すなわち innocent はラテン語の nocere（危害を加えること）に由来するのであり，それゆえ正戦論の文脈では，無罪であること (blameless) ではなく，むしろ無害であること (harmless) を意味するのである。こうして Shue 2003/2006 がこの議論の延長上に述べているところでは，保護されるべき対象は「現に何も危害を加えていない者」(those who are doing no harm) であり，したがって民間人保護原則は，道徳の根本原則の一つである「無害原則」("no-harm" principle) を再確認したものなの

である (150)。

　民間人が保護されるべきなのは，民間人が「有罪ではない」(not guilty)からではない。したがって，不正な戦争をしている国の民間人は，その国の政府を支持していたり，納税していたりするのだから，ある意味で有罪であるとみなすこともできるが，だからと言って，無差別の攻撃対象とされてよいのではない。敵国の民間人も保護の対象なのである。このことは，今日の正戦論が，かつてのそれとは異なって，jus ad bellum の「正しい原因」に「刑罰」を含めていない点と符合している[5]。

　さらに，シューによるならば，民間人保護原則の根拠を無害原則に求めることからは，第二の争点である兵士の殺害が許容される根拠も明らかになる。正戦論にしたがえば，兵士は，「現に危害を加えている者」だからその殺害も許容されるのである。すなわち，正戦論による戦闘員の非保護の説明は，不正な加害行為が継続されているときには，その加害行為による被害の拡大を阻止するために，したがってそれに必要なだけの危害を当該加害行為の遂行者に対して加えることが許容されることになるというものである(Shue 2003/2006: 151f.)。したがって，徴兵された兵士が志願兵と同じように，そして兵士を戦場に送った政治家たちとは異なって，民間人保護原則の対象外とされるのは，徴兵された兵士たちも戦闘の最中にあっては「現に危害を加えている者」となるからである。

3.2　不正な側の兵士

　もちろんここで示された兵士を殺害することの許容性は，敵の兵士に対するものだけである。いや，正確にはそうではない。正しくは，不正な側の兵士を殺害することの許容性のみである。では不正な側の戦闘行為についてはどのように論じられるのだろうか。不正な側の兵士は正しい側の兵士を殺すことを許されないのだろうか。ただ殺されるだけなのだろうか。

　ここには答えられるべき三つの問題が残されているよう思われる。第一に，正しい側の兵士による不正な側の兵士の殺害が許容されるとして，そのことは，不正な側の兵士が殺されてよいことを意味するのだろうか。通常，これら二つのことは区別されていない。だが，ある人を殺すことが許容されることと，ある人を殺してよいこととは異なるのではないだろうか。許容（あるいは，より勇ましい言葉を好むならば，「正当化」）は，その行

為に対する社会的応答の様態を指すが，何をしてよいかの判断が社会的合意（convention）に還元されるという命題はまだ十分に確立してはいない。すなわち，ある者が他の者を殺してよいという命題が成り立つならば，ある者によって他の者が殺されてよいという命題も成り立つかもしれないが，ある者が他の者を殺害することを許容することと，ある者が他の者を殺してよいこととが同じなのか否かは決着がついていないし，両者が同じでないならば，ある者が他の者を殺害することを許容することには，ある者によって他の者が殺されてよいという命題は含まれていない。

　このようなやっかいな問題に正戦論が通常悩まされないでいるのは，不正な攻撃者は，正しい防衛者の攻撃に無抵抗で殺されるべきなのだろうか，という問いに対して，次のような回答を与えているためである。すなわち，こうした問題に対する一般的な回答によれば，不正な攻撃者は，自分が不正な側で相手が正しい側であることがわかった時点で，不正な攻撃を止め，投降すべきなのである[6]。そして投降の意志を示したならば，不正な攻撃者はもはや「現に危害を加えている者」ではなくなるので，正しい側がその者を攻撃することはもはや許されない。

　このような回答は，不正な側の兵士には異なる二つの道徳的ステータスがあることを物語っている。すなわち，不正な側であることを自覚している兵士と，本当は不正な側であるのにそのことを自覚していない兵士である。そして正しい側の兵士には，いずれの不正な側の兵士も同じように扱うことが求められているのである。正しい側の兵士は，本当は不正な側であるのにそのことを自覚していない兵士も「現に危害を加えている者」として扱い，そのためにその者を殺害することも許容されるのである。

　この関係を反転するとき，不正な側の兵士による正しい側の兵士の殺害を許容する正戦論の論理があらわれる。自らが正しい側であると誤認している兵士は，本当は正しいのに不正であると誤認している側の兵士を，「現に危害を加えている者」として扱い，その者を殺害することも許容される，というのである。これが第二の問題，不正な側の兵士が正しい側の兵士を殺すことは許されるのかという問題に対する正戦論の一般的回答である。それは，無知からであるとか，誤解からであるとかして，本当は不正なのに正しいと信じて闘う場合があり，この場合は，本当は不正な側も本当に正しい側と同じように行為することになるという議論である。

だが、このような無知による双方が正しいことが想定される戦争のなかには双方がお互いに相手も正しいことを信じていることを十分に理解可能な場合も含まれるであろうのに、そのような場合にまで、双方に闘わないことが求められるのではなく、双方に闘うことが許容されるのはなぜなのだろうか。なぜ闘わないことではなく、闘い、そして傷つけ、傷つけられるように求められるのだろうか。
　この新たなやっかいな問題に正戦論が通常悩まされないでいるのは、この場合は、正戦を闘う兵士——本当に正しい側で闘う兵士も本当は不正な側で闘う兵士も——の道徳的ステータスについての次のような理解をもっているからである。すなわち、正戦を闘う兵士は被害の拡大を阻止する者であり、その道徳的ステータスは、「現に危害を加えている者」（不正な加害者）と「現に危害を加えていない者」（被害者）との〈間に力で介在すること〉にある（Shue 2003/2006: 152.）。正戦を闘う兵士は、危害（injury）を加えているのではなく、それを阻止しているのである。それゆえ、正戦を闘う兵士は、闘うことが求められているのではなく、無力な者たちに向けられた力の前に立ちはだかることを求められているのである。したがって、兵士の殺害が許容されているのは、兵士は力を持つ者、武器を帯びた者であるから、武装しているからである。
　だが、兵士は自ら進んで武装したのだろうか。武装させられた場合には、武装させた者たちが無力な者として保護され、そうされながら自分たちによって武装させられた者が力ある者として殺されることを許容するというのは、許されるのだろうか。徴兵制にともなうこの難問は、兵役拒否の権利を認めることによって回避されるかもしれない。兵役拒否の制度が確立しているならば、兵士である者は皆、自ら進んで武装した者だからである。そしてこの場合、兵士が殺されることが許容されるのは、自らその危険を引き受けたからである。
　そしてそうであれば、ここに最後に答えられるべき第三の問題がある。人は自らの死の選択をしてよいのだろうか。この問いは、不正な側の兵士も同じ選択をしていることになるために、それだけいっそう深刻なものである。なぜならば、不正な側の兵士は、たんに自らの死を選択しているだけではなく、正しく行為し、したがってこの限りで罪のない者に（正しい側の兵士に）自らを殺させることを選択していると言えるからである。こ

のように他人に自らを殺させるという選択はしてよいのだろうか。

これらの問題は，たしかにきわめて細かな問題である。だが，それは些細な問題ではない。人の殺害が，しかも大人数の殺害が問題になっているのであり，そしてその死ぬかもしれない大人数の者のほとんどが若者であるからである。

いずれにせよ，正戦論における差別原則の根拠は，有罪／無罪の区別にしたがったものではなく，武装／無害の区別にしたがったものであり，それは無害原則を再確認したものなのである。ここに jus in bello における差別原則と jus ad bellum における正しい原因としての防衛との内的連関は明らかである。

4 double effect 論：「副作用」の意味

一般に double effect 論とは，ある行為の結果，意図した良い効果だけではなく，悪い効果も生じることが予見できるときに，その行為をすることは許されるのか，という疑問に対して，悪い効果が良い効果にともなう副作用（side effect）である場合には，その行為をすることは許されると論ずるものである。言い換えるならば，double effect 論は，行為，その良い効果，およびその悪い効果，という三者のあいだの関係を問うものであり，加えて悪い効果の起こることが（あるいはその蓋然性が高いことが）充分に予見可能な場合に，したがってその意味で，けっして偶然的ではないときに，それでも悪い効果が副作用であるならば，その行為の遂行を決断したり，実際に遂行したりしたとしても，悪い効果の生起をもって行為者の道徳的（法的）責任を問わないとする議論である。

一見すると，このような議論は，戦争における民間人の死をよく説明しているように思われる。ある戦争に闘われるべき理由があり，そして闘われるに値すると考えられてその戦争が始められたのであれば，そのような戦争において避けられずに生じてしまった民間人の死は，悲しい犠牲ではあっても，戦争では人が死ぬものなのだから，その戦争全体を非難する根拠にまではならないのではないだろうか。double effect 論は，このような社会の一般的反応を理論的に裏打ちするように見えるからである。

だが他方で，double effect 論には，われわれの道徳的直観に反するところがある。というのは，起こることがあらかじめわかっているのならば，わ

れわれはそれが生じるのを避けることができたように思われるからである。したがって副作用であるからという理由で民間人の死が回避されないのであれば，そのような議論は戦争に対する制約と許容の振幅のなかで，過度に許容の方向にふれてしまっているように思われる。それゆえ double effect 論を説得的な議論にするためには，なぜ悪い効果を避けないのか，避けないでいるのに意図的ではないとはどういうことなのか，そのように非意図的であることをもって許容しておいてどこに制約的に働く要因があるのか，などの一連の問いが答えられなければならない。

　問題の焦点は二つである。第一に，副作用とは厳密にはどのようなことなのか，すなわち，予見されているのに，意図されていなかったために，副作用と言われている悪い効果とはどのようなものなのか，という点であり，第二に double effect 論のどこに制約として働く要素があるのか，という点である。

　副作用の厳密な意味内容という第一の問題は，副作用が意図という主観的な要因に関わることに由来している。この意図をめぐって生じる曖昧さについて，シューは，(1)意図してよいことと意図されるべきではないこととの区別の基準——かれ自身の言葉では『道徳的に受け入れ可能な効果の基準』——，(2)「意図」の意味，(3)「意図」がもちだされる意義の三点について理解されれば，解消されるだろうと述べている（Shue 2003/2006: 154）。だが，かれがそれぞれについて示していることは，けっして曖昧さを充分に払拭するものではない。まず道徳的に受け入れ可能な効果の基準については，改めてそれが差別原則であることが確認されているだけであり（155），意図の意味についても「『非意図的』が意味するのは，計画や企図の一部ではないことである」と述べられているにすぎない。

　さらには，第三の点についてのかれの議論は，重要な指摘を含んでいるものの，意図をめぐる曖昧さの除去に資するどころか，むしろわれわれの懸念を増大させるものである。というのも，double effect 論において意図をもちだす意義についてかれは，相対的に哲学的な解答と相対的に政治的な解答があるとし，哲学的解答については，それはわれわれの道徳が帰結主義だけで構成されているのではなく，行為者の意図を問題にする義務論的な側面をも含んでいるということのあらわれであるとした上で，政治的解答について次のように論じているからである。

すなわち，シューによると意図という要素がもつ政治的な意義は，したがって二重結果論が正戦論にもちだされる意義は，差別原則を帰結の観点だけで理解するならば，それが戦争に対する制約ではなく，戦争の禁止を意味することになるからである。

> 「文民に一切の危害を加えるな」というのは，戦争に対する制約ではなく，戦争の禁止である。そして，正しかろうと，間違っていようと，〔正戦論が示している差別原則をはじめとする〕戦争の原則の社会的役割は，戦争を根絶することではなく，制限することである。この役割を演じるためには，それらは戦争を闘うこと——実際，戦争を成功裏に闘うこと——と両立不可能な要求を課すことはできない。通常理解されている戦争における差別の原則は，意図的に引き起こされる文民に対する危害すべてを禁止するが，非意図的な，比例する文民に対する危害は認めるのである。（155f.〔　〕内は引用者による補い）

このように述べるシュー自身の意図は，続けて，だからこそdouble effect論は，その議論のうちに比例原則を含むのだと主張していることからすれば（166），けっして無制約に副作用としての民間人の死を許容しようということではない。だが，意図をもちだす政治的理由についてのこのような〈戦争を闘うことと両立不可能な要求を課すことはできない〉というかれの説明には，少なくとも二つの難点があるようにわたしには思われる。

第一に，われわれが問題にしているのは，たんに戦争を闘うことではなく，戦争を正しく闘うことである。そして，差別原則が守られないとしても，戦争は闘われるし，成功裏に（successfully）に——この表現が，通常理解されているように，勝利を意味するならば——闘うこともできるだろう。戦争の原則を戦争の現実に「政治的」に対応させること，もっとはっきり言えば，妥協させること，ないしは譲歩させることは，はたして戦争を正しく闘うことの条件を設定するという戦争の原則に期待されている「社会的役割」を果たすことになるのだろうか。

第二に，原則の要求が現実にとって不可能なほどの過度である場合には，その原則は実質的に無意味であるという点ではその主張に同意できるとしても，原則が課す要求が現実にとって過度であるか否かの基準は，実際に

現実のなかで生起していること（現実の現にある姿）によって決定されなければならないのだろうか。むしろ，理論的に考えて現実には生起しえないことではないだろうか。この場合で言えば，民間人の死が今の戦争の現実において不可避であることをもって，民間人の死を許容する原則をたてることが要請されるのではなく，仮に民間人の死をもたらす戦争が理論的に言ってまったく考えられない場合にだけ，民間人の死を一切許容しない原則の現実的な説得力がなくなるのでないだろうか。

　たしかに，シューが言うように，許容される副作用であるか否かの判定には，意図されてよい目的が何であるのかは重要である。したがってこの点で，意図されてよい目的か否かを判断する基準が差別原則であることを再確認することは重要である。だが，曖昧さは，意図するとはどのようなことであり，予見可能であったにもかかわらず意図していなかったと言われることがどのようなことなのか，シューのことばで言えば「非意図的」とはどのようなことなのか，にある。問題の焦点は，民間人の死を非意図的にもたらすような戦争を意図するという可能性があるのか否かである。この可能性を吟味するためには，われわれはシューの説明を超えて，より詳しく，意図的であることと，たんに予見可能であることとの区別を明確に理解しなければならない。ここではスターバの議論を参照してこの目的を達したい。

　スターバは，意図したことと，予見可能なだけのこととの区別について，この区別が可能なことを二つのテストを提示することによって示そうとしている。第一のテストは「反実仮想テスト」（counterfactual test）と呼ばれ，これはかれ独自のものではない。第二のテストは，反実仮想テストにかれが見いだす不充分さを補おうとして，かれが考案したもので，「非説明テスト」（nonexplanation test）と呼ばれる（Sterba 1998: 154-155）。

　スターバの提示しているところでは，反実仮想テストとは，次の二つの問いへの回答を求めるものである（154）。
　(1)あなたはもし良い帰結だけが起こって，悪い帰結が起こらなかったとしても，その行為を遂行したか
　(2)あなたはもし悪い帰結だけが起こって，良い帰結が起こらなかったとしても，その行為を遂行したか
　この反実仮想テストは，かれによれば，しばしば用いられているもので

あり，第一の問いに対して「イエス」，第二の問いに対して「ノー」である場合，(1)その行為が良い帰結のための意図された手段であること，(2)その良い帰結が意図された目的であること，(3)悪い帰結がたんに予見可能なものであったこと，という三つのことが明らかになると，通常，理解されている。だが，スターバによると，第三の結論はこのテストだけでは立証されない。悪い帰結がよい帰結をもたらすための手段として意図されている場合もあるからである (155)。

そこで，スターバがこのテストに加えて導入するのが非説明テストである。それは，次の問いに対する答えを求めるものである (ibid.)。

> 行為主体がその行為を行ったのは，良い帰結をもたらすための手段としてであるとの説明を，悪い結果がもたらされることが，助けはしないか。

すなわち，良い結果のための手段として悪い結果を用いていないかを確かめるテストである。

ここで重要なのは，これらのテストによって行為者が悪い効果を意図していたのか，それとも予見はしていたけれども意図してはいなかったのかを検証できるか否かにあるのではなく，この区別が成り立つか否かである。そして以上のスターバの区別によって成り立つことが立証されているとするならば，そのときに示された「副作用」／「予見可能だが，意図しない帰結」／「予見可能なだけのこと」の厳密な意味内容とは，次の四つの条件を満たしている悪い効果のことであると言えよう[7]。第一に，目的としてその効果の生じることが意図されていたのは良い帰結の方であること，第二に，悪い効果はたとえ副次的にであれ，それが生じることが意図されていないこと，(言い換えるならば，良い効果を口実に悪い効果を引き起こそうとはしていないこと，あるいは，悪い効果がその行為の間接的目的ではないこと)，第三に，その行為が良い効果の手段であること，あるいは，良い効果がその行為の直接的効果であること，最後に，悪い効果が良い効果の手段ではないこと，あるいは，良い効果がその行為の間接的効果ではないこと，以上の四つである。

このようにしてスターバの議論を経たわれわれは副作用について，シュ

一の議論を通じて理解できた以上に明確な像を結ぶことができるようになった。double effect 論を用いて許容される副作用とみなされうるのは，ある行為にともなって生じることが予見される悪い効果であって，直接的にも間接的にも目的として意図されておらず，直接的にも間接的にも手段として意図されていない場合である[8]。

このように副作用の意味内容を理解するならば，double effect 論が導入されたとしても，差別原則が正戦において許される行為についての制約としてかなりの程度機能し続けることが理解されよう。このように理解された double effect 論は，民間人の死を，目的が正しければ多少の犠牲は仕方がないという曖昧な議論で視野の外においてしまうようなものとは異なるからである。

だが double effect 論を受け入れるとき，差別原則は，民間人への危害を避けよという積極的な行為の要請ではなく，民間人への危害を狙うなという消極的な要請であることになる。すると，先に指摘した正戦を闘う兵士の道徳的ステータスとの関連はどうなるのだろうか。正戦を闘う兵士は，自国の民間人への危害を阻止しようとする者であった。ところが double effect 論によって許容されることが示される民間人への危害は，敵側のものだけではない。自国側も含まれるのである。では自国の民間人への危害を阻止せよという要請も，double effect 論によって消失するのだろうか。消失するとすれば，そのとき正戦を闘う兵士の道徳的ステータスはどのように説明し直されるのだろうか。そうではなく，この要請はなくならないのだとすれば，なぜ敵国の民間人への危害だけが避けるべきものから，狙わなければよいものになるのだろうか。

このように考えるとき，double effect 論の導入は，たしかに一般に理解されている以上の制約をともなうものであるとしても，それでもなお正戦論を過度に許容的にしてしまうように思われる。こうしてわれわれの次なる課題は，double effect 論の制約性をめぐる議論を検討することである。

5 比例原則

スターバは，double effect 論が正戦論を一方的に許容的にしてしまうという反論に対して，以下のような八つの事例を提示して，民間人の死が許容される場合とされない場合の原則的な違いを明らかにすることによって

答えようとしている (158-160)。

(1) 不正な攻撃者の意図された，ないしは予見可能な殺害だけしか自分自身の死を阻止できない場合
(2) 不正な攻撃者の意図された，ないしは予見可能な殺害と一人の無辜の通りがかり (innocent bystander) の予見可能な殺害しか，自分自身の死と他の五人の無辜の人びととの死を阻止できない場合
(3) 不正な攻撃者の意図された，ないしは予見可能な殺害と一人の無辜の通りがかりの予見可能な殺害しか，五人の無辜の人びととの死を阻止できない場合
(4) 不正な攻撃者の意図された，ないしは予見可能な殺害と五人の無辜の通りがかりの予見可能な殺害しか，二人の無辜の人びととの死を阻止できない場合
(5) 不正な攻撃者の意図された，ないしは予見可能な殺害しか，自分自身および／ないしは他の五人の無辜の人びととの深刻な侵害 (injury) を阻止できない場合
(6) 不正な攻撃者に対する意図された，ないしは予見可能な深刻な危害 (serious harm) を加え，一人の無辜の通りがかりに対する予見可能な深刻な危害を加えることしか，自己と他の五人の無辜の人びとに対する深刻な危害を阻止できない場合
(7) 不正な攻撃者に対する意図された，ないしは予見可能な深刻な危害を加え，一人の無辜の通りがかりに対する予見可能な深刻な危害を加えることしか，他の五人の無辜の人びとに対する深刻な危害を阻止できない場合
(8) 不正な攻撃者の意図された，ないしは予見可能な殺害と一人の無辜の通りがかりの予見可能な殺害しか，無辜の人々からなる大人数の集団の成員に対する深刻な侵害を阻止できない場合

　double effect 論を行為とその良い結果と悪い結果の三者関係を問うものと理解し，これら八つの事例でそれぞれに当たるものが何かを確認してみるならば，阻止される自分や無辜の者の死傷が良い効果であり，予見可能とされている無辜の者に加わる死傷が悪い効果であるから，行為として考

えられているのは，不正な攻撃者に対して加えられる死傷である[9]。

そしてそうであれば，第一の事例と第五の事例は，double effect論が問題にする事例ではない。予見可能なだけの悪い効果にあたる事柄がないからである。それにもかかわらず，これらが挿入されていることは有意義である。というのは，これらの事例があることによって，われわれは，われわれが防衛という名目で比例原則を考慮に入れるとき，何と何を比較しているのかについて，明確に理解することができるからである。すなわち，われわれは自分（たち）の生命と不正な攻撃者の生命を比較し，また自分（たち）への傷害と不正な攻撃者の生命を比較し，前者を後者よりも重要なものとみなしているのである。

そしてこのような判断の延長で，第二から第四までの事例と，第六から第八までの事例を検討するならば，第四の事例と第八の事例は，スターバによれば，比例原則に反するので，許容されない[10]。かくしてスターバによるならば，double effect論を用いた正戦論は次のようなものである

> 正戦論の比例性要求が満たされるべきならば，われわれは，われわれが損なわれることの原因となる以上の多くの無辜の生命を救わなければならず，われわれが加える以上の危害を阻止しなければならず，われわれ自身や他の者に対する深刻な危害を阻止するためだけに無辜の者を殺すことは，たとえ間接的にであれ，してはならない。（161）

スターバは，このように理解された正戦論の要請は，平和主義者が正戦論の内容として理解している以上に，さらには正戦論者自身が認めている以上に，厳しいものであることを強調している（Sterba 1998: 161, 226, n. 12）。実際，スターバの主張を受け入れるならば，これから企てようとしている戦争において民間人が死ぬことが予見可能である場合には，その戦争の目的それ自体が民間人の死を防ぐことでなければならないし，しかも戦争をした場合に予見される民間人の死者数が，その戦争をしなかった場合に予見される民間人の死者数よりも少ない場合にしか，その戦争を企てることは許されない。民間人の死をともなわない，その意味でたんなる領土などの防衛のためだけの —— double effect論をもちだす必要のない —— 戦争（スターバの第一の事例と第五の事例）よりも，民間人の死をともな

う戦争に課せられる制約は大きい。

　スターバの第八の事例が示しているのは，このことである。たとえ，ある集団に所属する者の多数にとってかけがえのない価値が脅かされている場合であっても，生命が奪われる危機に瀕しているのでなければ，他の民間人の生命を奪うことになるかもしれない場合には——民間人に害が及ばない場合や（第五の事例）害が及んでも生命を奪うことがなく，与える障害の程度が少ない場合（第六，第七の事例）とは異なって——，戦争に訴えることはできないのである[11]。

　もしこのようなスターバの主張が正しいのであれば，正戦論は double effect 論を取り入れたとしても，その差別原則をきわめて厳密なものとして維持できているし，それでいながら，民間人の死をともなう戦争すべてを否定していないために，シューが指摘したような現実との両立不可能性という難点ももっていないことになる。したがって，ある種の平和主義者は，スターバ自身が主張しているように，この種の正戦平和主義に同意することだろう。

　だが，おそらく多くの平和主義者は，そして多くの正戦論者もスターバの主張に同意しないだろう。それは，スターバの主張が過度に許容的すぎるとか，過度に制約的すぎるとかの理由からではなく，むしろその一見すると明瞭なその主張に含まれる曖昧さのためにである。

　スターバの主張は，double effect 論を用いたときに，予見される民間の被害がどのような場合に制約として働くのか，あるいはどの程度許容されるのかという点については説明している。だが，正戦論における比例原則については，さらに説明されるべきことが少なくとも二つはある。第一に，比例原則を用いて測られ，許容されたり，制約要因になったりするのは，民間の被害だけではない。比例原則にかなっているか否かの判断では，不正な側の兵士の被害も考慮されるのである[12]。スターバの正戦論では，この点でどのような判断がなされるのかがわからない。第二に，比例原則は，通常の正戦論では，jus ad bellum と jus in bello との二度登場する。スターバ自身，それぞれの要件に比例原則を含めている[13]。だが，かれの八つの事例についての判断は，どちらでなされるものなのか明らかでない。どちらの場合でも同じように判断されるという立場はあろうが，しかし，そうであれば，そうでよいことが示されなければならない。

実際，シューによると，二つの判断は異なる。シューはそのことを三つの点について指摘している。第一に，シューによると，jus in bello における比例原則は，かなりの程度許容的である。なぜならば jus in bello における判断は，ある種の軍事的合理性にすでに十分な重心が置かれた基準にしたがってなされるからである (157)。あるいは「その時点までに戦闘が開始されているのだから，成功するために今それをなすことが必要なことのほとんどについてそれをなす許可を軍隊に対して否定することは正当にはできない」からである (ibid.)。これに対して，jus ad bellum の判断においては，まだ戦争は開始されていないのだから，シューによると，jus in bello における判断が許容的になることも予測して，生じうる損害と，阻止されうる損害とを比較しなければならない (ibid.)。

　第二に，誰を，また何を，数えるのかという点においての相違もある。戦闘というのは敵軍の破壊をねらうものなのだから，jus in bello においては味方と敵とを同じように数えることはできない。消耗戦のような敵軍の死者数を最大限に増やそうとする作戦は許されないだろうが，しかし，味方と敵の被害は同程度には数えられないのであって，「比例原則は，ここでは，必要以上の犠牲を相手側に強いるな，ということしか意味しない」。シューは，もし「これが受け入れられないならば，戦争も受け入れられない」とさえ述べている (159)。一方 jus ad bellum においては，すべての者が数えられなければならない。すべての者というのは，敵も味方も，中立の者も，戦闘員も，非戦闘員もであり，国際共同体全体が，さらには将来世代も含めての影響が数えられるというのである (158)。

　第三に，比例原則の判断の曖昧さについて，はっきりした基準がないという，主に jus in bello の比例原則に向けられている指摘に関して言えば，たしかに明確な基準はないが，比例原則の通常の理解は，過度の危害を避けよ，という消極的なものであり，これに危害以上の善がなされることの要請が含まれているとは，理解されていない (159)。これに対して jus ad bellum の判断は，あらゆることを考えて，その戦争を闘うことが，闘わないことよりも，よりよい (better) ということが成り立たなければならない。

　以上のシューによる比例原則に関する議論は，スターバの議論に残された二つの論点の両方に答えるものになっている。戦闘中の兵士間では比例

原則は，兵士同士の生命や傷害の多寡で比較されるのではない。また，それはたとえばより多くの味方の損失を阻止できなければならないという働き方をするのでもない。jus in bello において敵の兵士は「値引き」（discounting）され，加えられる危害については勝利に必要な程度以上であってはならないというかたちでしか比例原則は機能しないのである（159f.）。

人の生命についての「値引き」がなされるという指摘は，われわれの道徳感覚に著しく反するだろう。だがおそらく，兵士の被害の比較考量に関するこのシューの指摘は，戦争の最中に，それにもかかわらず軍事的観点からだけではなく，道徳的制約（比例原則）をも考慮してなされるような判断のあり方を（あるいは，あるべき姿）を示している。その判断の様態は許容的であるとはいえ，まったくの制約がないわけではない。だが，このような判断の様態を正戦論のなかに導入することには，そのことによって正戦論による他の制約を台無しにしかねない危険性が含まれている。

というのは，この「値引き」は不正な側の兵士に対してなされるのではなく，敵の兵士に対してなされるものだからである。ここでは，正戦論がもっとも重視すべき正／不正の区別が，敵／味方の区別にとって代わられている。もちろんそれは，戦争が闘われている以上，正戦論の枠内では，双方が正しいことを信じて闘っているとの想定が必然的に働くからである。したがってまだ正戦論の枠内で議論は進められている。だが重要なのは，敵／味方の区別はもっとも基本的かつ重要な軍事上の区別であろうが，それはけっして道徳的区別ではないという点である[14]。

jus in bello における比例原則で敵の兵士の命に対して「値引き」を認めるということは正／不正の区別に代わって敵／味方の区別を用いることであり，それは道徳的判断よりも軍事的判断を優先させることである。このような軍事的判断の優先は，現実においては容易に，軍事一般の優先に転化しかねないのであり，そのときには正戦論の強調するもう一つの重要な区別，軍事／民間の区別における軍事の優先も生じるおそれがある。つまり，民間人保護原則の軽視である。

このように考えるならば，比例原則に関するシューの第二の指摘の重要さが理解されよう。われわれは jus ad bellum における比例原則の判断と jus in bello におけるそれとをはっきりと区別すべきである。そして前者は，普遍的判断であり，後者の許容性を前提にしてもなお，生じるであろう損

失よりも多くの善が期待されるかと問うものである。

6 結びに代えて

　以上の議論によって，われわれは，正戦論が一般に理解されている以上に，戦争に対して制約的に働くものであることを示しえたであろう。だが，なぜ現実には正戦論はそのように制約的にではなく，むしろ許容的に働くのであろうか。それは，正戦論として一般に主張されている議論がその名に値しないものであるからかもしれないし，あるいは正戦論に対するふさわしい理解が充分になされていないからかもしれない。だが，わたしにはより重要な理由があるように思われる。

　その理由を理解する鍵は，シューの議論のなかに含まれていた。かれが jus in bello の比例原則よりも jus ad bellum のそれを重視するのは，前者が軍事的プロセスにおいてなされる判断であるのに対して，後者が軍事的プロセスが開始される前の，政治的プロセスにおいてなされる判断だからである。われわれは，このようなシューの主張を civilian control 原則の一表現として理解することもできよう。だが，ここで注目したいのは，jus ad bellum の判断が政治的プロセスのどの段階でなされるか，である。

　jus ad bellum の判断は，戦争を開始するかしないかの意志を決定する段階でなされる。正戦論が示す戦争に対する判断の仕方は，意志決定にかかわるものなのである。だが戦争は，政府が開始の意志決定を下すだけでできるものではない。政府が開戦の意志決定を下したときに戦争を始められるのは，戦争を遂行する準備をしていたからである。戦争は，長い戦争準備の結果として可能になっているのであり，その戦争準備は，戦争の準備をするという政策決定によってなされているのである。

　正戦論が提供するのは，ひとたび戦争が開始された後にどのような行為が許されるのかについての基準 (jus in bello) と，戦争を開始するという意志決定をすることが許されるのはどのような場合なのかについての基準 (jus ad bellum) とである。これらの基準を人びとが考慮するのは，(近い将来においてであれ，遠い将来においてであれ，また自ら進んで積極的にであれ，受動的にであれ) 戦争しようとしている場合である。正戦論に関心が寄せられるとき，その社会は (少なくとも潜在的には) 戦争をしようとしているのである。そして正戦論の側でも，戦争が社会の政策上の選択肢

の一つであることを前提にしているし,したがって社会に対して戦争が選
択肢の一つであるとのメッセージを送っている。正戦論が,その理論的姿
以上に戦争に対して許容的に通用している背景にあるのは,このような事
情であろう。

　そうであれば,ここでわれわれは少なくとも次の二つのことに注意を向
けるべきである。第一に,正戦論が戦争をめぐる政策決定の議論に対して
送っているメッセージは,戦争が政策上の選択肢の一つであるということ
だけではない。それはまた,戦争が選択肢になりうるのは消極的にのみで
あること,言い換えるならば,侵略戦争は選択肢ではないというメッセー
ジをも送っている。

　第二に,正戦論は,戦争が正戦であれば,それをなすことは許されると
主張する議論であり,正戦であれば,それはなされねばならないと主張す
る議論でも,なされるべきであると主張する議論でもない[15]。正戦論を無
害原則の延長で理解しようとする場合には,正戦であれば闘うべきである
とか,闘わねばならないと主張することはできない。このような主張には,
われわれの理解する正戦論のなかにはない,何か別の論拠を持ち込まなけ
ればならない。そしてそのときには,それは正戦論ではなく,一種の聖戦
(holy war) 論となるだろう。

　この点で重要なのは,正戦論の主張における戦争の許される場合が,た
んに正しい原因のある場合だけではないことである。言い換えるならば,
たとえ戦争を企てるに値する正しい原因があったとしても,正戦論は,す
べての社会に戦争に訴えることを許すわけではない。たとえば強国によっ
て理由なく攻撃を受けた小国には,正しい原因はあろうが,しかし比例原
則にしたがって戦争を遂行し通す見通しがないので,正戦論にしたがえば,
戦争をすることは許されない。正戦論は強国を利する議論である。

　このような批判には正戦論者はおそらく,その場合に小国が戦争で正義
を追求することができないからと言って,正義の追求を放棄しなければな
らないわけではなく,戦争以外の手段によって正義を追求することができ
ると反論することだろう。そしてこの反論は正しい。戦争は,正戦論のな
かでは選択肢の一つにすぎないからである。

　こうしてわれわれは政治理論が戦争と平和とをめぐってどのような研究
上の課題をもつのかを明らかにすることができたであろう。選択肢の一つ

としての戦争をわれわれは選択すべきなのか否かを理論的に解明しなければならないのである。われわれは，われわれの社会が選択すべき政策が平和に向けた努力なのか，それとも戦争を回避しつつ戦争を準備する方向での努力なのかを明らかにしなければならない。そこで求められるのは，これまで政治理論の自覚的な一部とされてこなかった二つの領域，平和理論と安全保障理論について，これを政治理論の一部として再考することである[16]。

（1）「（規範的）政治理論」という語の意味については，川崎・杉田編 2006 を参照（i）。同書の索引には「戦争」の項は（「平和」の項も）ない。このような戦争を主題として論じない傾向は，たんに現代政治理論の特徴ではなく，内戦の禁止と戦争の正当化という枠組みのなかで近代政治思想が形成されてきたことの現れである。この点について太田 2003 を参照。また戦争に限らず，悪一般を政治理論が視野の外においてきたことについての批判的考察として，太田・谷澤編 2007 を参照。

（2）もちろん，正戦論の興隆は今述べた要因だけによるものではないだろう。たとえば，M. Walzer や J. Rawls といった政治理論分野における著名人がその理論に言及していること，キリスト教カソリックの伝統のなかで培われてきた議論であること，さらには戦争一般に対しては否定的でありながら，しかし，コソボ紛争介入時に見られたような「人道主義的」な戦争についてはその否定的態度を貫徹しえないという先進国に広がる一般的態度にそれが呼応しているように思われる点など，が挙げられよう。正戦論の歴史および現代におけるその受容については，太田 2006 を参照。

（3）これに関連して jus post bellum という戦争終了後の処理の正当性を問う新しい条件を正戦論のなかで論じようとする主張も見られる（e.g. Evans 2005a）。もちろん，戦後に何がなされるかは重要な問題である。だが，正戦論を個々の戦争が許されるか否かに関する判断を提供しようとする議論と理解する本稿の立場からは，戦争についての正義をめぐる論点のすべてをこのように正戦論のなかに含めて論ずる拡大路線は支持できない。jus post bellum は戦争についての正義をめぐる論点ではあるが，この論点が戦争の許容性に影響するとする立場は，正戦論を過度に帰結主義の方向に進め，その結果，正戦論の戦争制限論としての側面を著しく損なうだろうからである。

（4）このような議論の典型が M. Walzer の議論である。かれは，jus ad bellum についても，また jus in bello についても多くの論点と条件を提起しているが，最終的に jus in bello を supreme emergency なる例外状況を設定す

ることによってご破算にしてしまうからである (Walzer 1977/2000: chap. 16)。
(5) シューは次のように述べている。「民間人の保護の原則が答えている問いは、もはや『その有罪の程度のゆえに、軍事行動を通して苦しめられ、あるいは殺されるかもしれないということに値するのは誰なのか』というものではない。その問いは、『すでに進行中である危害を止めるために今危害を加えられる必要があるのは誰か』というものである (Shue 2003/2006: 151)。」
(6) この点についてのシューの説明は、かれ自身はこの箇所で言及していないけれども、基本的にビトリアのものと同じである (Shue 2003/2006: 153, Vitoria 1981: 156f.; qiv, 9)。
(7) この四つの条件を示すためには必然的にスターバの二つのテストを経なければならないとわたしが主張しているわけではない。
(8) このような「副作用」の厳格な意味を確認することは、たんに理論上のものにとどまらない、実践的な意義も有している。たとえば、このように副作用が明確化されるならば、たんに(直接的な)目的としていなかっただけでは、それを副作用だとして許容することができないことが明確になる。そして、けっして目的としてはねらわれてはいなかったが、だからといってたんに予見可能なだけではなかった正当化されえない攻撃の実際の代表例は、大日本帝国の降伏受け入れの早期化を目的としていたと主張される原爆投下である。
(9) 「意図された、ないしは予見可能な」と形容されているが、この形容は誤解を招きかねない。
(10) このような主張をする際に、スターバが自負しているのは、第五の事例と第八の事例を区別し、前者が許容されるとしても、後者が許容されないことを示した点である。
(11) スターバが最近の歴史のなかで正戦と認めているのは、「バングラデシュでのパキスタンに対するインドの軍事行動」(第三次印パ戦争)と「イディ・アミン支配下のウガンダに対するタンザニアの介入」の二つだけである (162)。
(12) 正しい側の(味方の)兵士の被害は、スターバの議論でも数えられているとみなしうる。
(13) かれは jus ad bellum と jus in bello とは言わずに、それぞれを just cause と just means と言い換えているが、just cause のなかには "not too costly" という用件があり、just means では "not be disproportionate" と言われている (151, 152)。
(14) それは政治的区別でもない。「政治的なもの」と「政治」とは異なる。

(15) シューはこの点について，比例原則において測られるものの共約不可能性の問題として言及しているが，かれが述べているのは，歴史上人びとは自由のために闘ってきたという事実だけで，原理的根拠は挙げていない（Shue 2003/2006: 160 f.）。スターバは，民間人を保護するという約束を前提にするならば，闘うことも義務的になると論じているが（Sterba 1998: 161），兵士（武装した者）が民間人（武装していない者）を守る義務と，兵士も民間人もともにその決定に責任を負う社会として戦争を開始することが義務的になるか否かは，別の問題であり，したがってスターバはこの論点に言及していない。

(16) その方向性を示すことすら本稿ではできなかった。別稿を期したい。なお，平和研究とは異なるが，平和主義に言及したものとして太田forthcomingがある。

引用文献

Clark, Ian (1988). *Waging War: A Philosophical Introduction*, Oxford: Oxford University Press.

Coates, A. J. (1997). *The Ethics of War*, Manchester: Manchester University Press.

Evans, Mark (2005). "Moral Theory and the Idea of a Just War," Evans ed, *Just War Theory: A Reappraisal*, Edinburgh: Edinburgh University Press, pp.1- 21.

川崎修・杉田敦編（2006）．『現代政治理論』有斐閣。

太田義器（2003）．『グロティウスの国際政治思想―主権国家秩序の形成―』（ミネルヴァ書房）。

――（2006）．「正戦論の歴史と理論」（『倫理学研究』第36号，4 －16頁）。

――（forthcoming）．「絶対的平和主義と憲法」（千葉眞他編『平和憲法と公共哲学』晃洋書房，所収）。

太田義器・谷澤正嗣編（2007）．『悪と正義の政治理論』（ナカニシヤ出版）。

Shue, Henry (2003/2006). "War," originally published in Hugh Lafollette ed. *The Oxford Handbook of Practical Ethics*, Oxford: Oxford University Press, now reprinted in Matthew Evangelista ed. *Peace Studies: Critical Concepts in Political Science*, London: Routledge, vol. 1, pp. 142-171 (page number reffered in this articl is reprinted edtion's).

Sterba, James P. (1998). *Justice for Here and Now*, Cambridge: Cambridge UP.

Vitoria, Francisco de (1981). *Relectio de Iure Belli o Paz Dinamica*, ed. L. Pereña et al., Madrid: Consejo Superior de Investigaciones Cientificas.

Walzer, Michael (1977/2000). *Just and Unjust Wars: A Moral Argument with Historical Illustrations*, 3rd. ed. New York: Basic Books.

R. M. ティトマスにおける戦争と福祉
―― 「戦争と社会政策」再考 ――

山本　卓*

はじめに

　総力戦という戦争形態が現れた20世紀には，軍隊，軍備，戦争にかかわる事柄を指す「軍事 warfare」が平時における比重を高めるとともに，軍隊組織の外部へとますます拡張されるという軍事化が進んだ。総力戦の主体は国家であるが，その国家はまた同じ時期に，広義の社会保障――公的施策を通じて社会構成員に対して一定の生活条件を保障すること――にかかわる事柄を指す「福祉 welfare」を関心事とする福祉国家へと変貌した。そうした中，20世紀の国家を特徴づけるこれら2つの動きを結びつけて，軍事と福祉のあいだの関係性について特定の見解を示す＜軍事－福祉＞テーゼが現れた。

　現存する学問的な＜軍事－福祉＞テーゼは，3つのモデルに大別できる。第一は，軍事と福祉はトレードオフの関係にあるとするモデルである（背反モデル）。このモデルは主に平時を対象とし，また財政の支出項目に注目する。このモデルを検証する近年の研究は発展途上国を対象とするものが主流であり，また先述のトレードオフの関係は必ずしも実証できないとする結論を示す傾向にある1。だがそれにも拘わらず，背反モデルの検証は，平和研究の分野を中心に続けられている。その理由として，背反モデルの基本的な考え方，すなわち，ある国において軍事の比重が低下することは望ましい方向であり，かつそうした方向性を評価するうえで当該国における軍事の比重と福祉の比重を比較する方法が有効であるとする考え方は依然受け入れられているということが考えられる。そのことはまた，背

---

　*　立教大学法学部・助教，イギリス福祉国家史

反モデルは軍事と福祉について，資源配分におけるトレードオフだけでなく，規範的なトレードオフも前提にしているということを意味する。しかしこのモデルを検証する従前の研究では，規範的なトレードオフそのものは直接的に扱われていない。また，それ故，資源配分における軍事と福祉の相対的比重はその国の（非）軍事的志向性を示す指標になるという，背反モデルのやや図式的な視点に対する検討はなされてきていない。

＜軍事－福祉＞テーゼの第二のモデルは，戦争は福祉の発達をうながすとするモデルである（因果モデル）。とりわけ第二次世界大戦を念頭に置くこのモデルは，さらに以下の2つに細分化できる。一つは，国家が戦争装置となる際，福祉はその装置の一環を担うものとして整備されるとするものであり，もう一つは，戦争のもたらす社会的な意識変化（平等意識の高まりや，それを背景とする社会民主主義政党に対する支持の上昇）が福祉の発達をもたらすとするものである[2]。

第三は，国家が領土を維持ないし拡張するために必要な人口を確保するための手段として福祉は整備されてきたとするモデルである（国力増強モデル）。このモデルが参照するのは，歴史的に実在した社会帝国主義の言説——軍隊や植民といったかたちで帝国を支える十分かつ壮健な人口を確保するために国内の福祉を充実させる必要があるとする言説——である。とりわけ20世紀前半に見られた母子，児童福祉サービスの発達はそうした言説を具現化するものであったと論じられる[3]。

ティトマス（Richard Morris Titmuss, 1907-73）は，このうち第二の因果モデルの代表的な提唱者として参照されることの多いイギリスの社会政策学者である[4]。たしかに，彼は戦争のなかで福祉はその一環を担う機能を果たすとする見方を英語圏でもっとも早い時期に体系化すると共に，（戦争に起因する）社会変化が福祉の発達をもたらしたとする見方を1950年代に提示した[5]。さらに，彼の議論に対しては，1980年代以降，それは国力増強モデルが注目する社会帝国主義の議論と連続性を有するものであるとするラディカリスト（主としてフェミニスト）たちの評価も存在する（Williams 1989: 5-7）。

では，ティトマスはなぜ戦争は福祉の発達をうながすとする＜軍事－福祉＞テーゼを提示したのであろうか。本稿の課題は，第二次世界大戦期から1950年代前半にかけての福祉をめぐる政治の文脈に即してその点を究明

することを通じて，因果モデルの代表的存在と見なされてきたティトマスの＜軍事－福祉＞テーゼが，実は，再軍備が進められた50年代前半のイギリスでは背反モデルの＜軍事－福祉＞テーゼとしての意味も有したという点を明らかにすることにある。そして，そのことは同時に，思想的営為としての＜軍事－福祉＞テーゼを検証することを意味している[6]。

本稿の構成は以下の通りである。第一節ではティトマスの生涯を，因果モデルに従う＜軍事－福祉＞テーゼの検証という視点も交えて通観する。第二節では彼が「戦争と社会政策」論文の中で提示した＜軍事－福祉＞テーゼを取り上げ，分析する。第三節ではそのテーゼの則る歴史観を，国民保健サービスをめぐる当時の議論に即して検討する。

第一節　リチャード・ティトマス：戦争が生んだ社会政策学者[7]

第二次世界大戦を重要なきっかけとしてイギリスを代表する社会政策学者となったティトマスの生涯は，一見，因果モデルの＜軍事－福祉＞テーゼの体現としても捉えうるものであった。

1.1　1930年代まで

ティトマスは1907年にリュートン郊外の農場労働者の家庭に生まれた。1918年にティトマス家は第一次世界大戦末期の住宅政策の影響を受けてロンドンへ移住する。少年ティトマスは義務教育課程を修了した後に商業学校で半年間の簿記課程を修了した。その後は家業を手伝いつつ電話会社の使い走りとして生計を立てた。ところが19歳の時に父親を亡くし，長男であった彼が家計を支えざるを得なくなる。そうした中，より高い収入を見込めた火災保険会社に転職した。

1920年代後半に入ると彼の内で政治への関心が高まった。社内での昇進が頭打ちになったこの時期，彼は青年団（Youth House in Camden, Hendon Young Liberals）に加入する。当時，青年団のあいだでは平和運動が盛んであったが，彼もまたそうした運動に関心をもった[8]。そして，国際連盟が主導的な役割を果たすことを主張しつつ，青年団レベルで国際交流を実践し，36年にはジュネーブで開催された世界青年団平和集会にも参加している。また国内的には，政府の失業対策は不十分であると批判した。当時の彼は，政治的には自由党の支持者であった。

30年代後半に入ると，仕事で培った統計技術を活かして独自の研究を勤務後に進めるという二重生活を送るようになった。その背景には当時の国際情勢の変化があった。35年に国際連盟はイタリアに対する経済制裁を発動したが，平和主義の運動はこれを支持するか否かで分裂した。代表的な平和主義者の一人であったA・ハクスリーは力による紛争解決を否定する見地からその措置に反対する立場を示した。彼はまた戦争を不可避のものと捉える心理状態を解消することが平和につながると主張し，福利厚生の改善がその考え方を実現するための手段のひとつであると論じた（Huxley 1937: 219-21）。

ティトマスは，そうしたハクスリーの議論の影響も受けつつ，死亡率の階級間格差をテーマとする研究に取り組み，その成果は『貧困と人口』（1938年）として結実した（Titmuss 1938: 4, 27）。その中で彼は，富裕階層の多い地域の死亡率をその他の地域における死亡率と比較し，それが明らかにする階級間格差は政策的に解消されるべき「社会的浪費」であると主張した。

ところで，この著書は優生学協会から財政的な支援を受けて刊行された。当時，優生学協会はナチスの「優生政策」との差別化をはかるために環境要因の重要性も視野に入れる姿勢を見せるようになっており，ティトマスの研究はそうした中で注目された。ティトマスと優生学者たちは，個体の資質は遺伝によって決定されるか環境要因によって多く規定されるかで見解を異にした。他方で，人口の質的な改善をはかる必要があるとする点と，軍事的，経済的な観点から一定の人口規模を確保する必要があるとする点で一致していた。ここで軍事的観点が挙げられていることに見られるように，ティトマスは遅くとも38年までに，「民主主義と文明を担って行くであろう国〔イギリス〕の将来」を保持するために軍事力は不可欠であると考えるようになっていた（4-6, 26-8．〔 〕内は引用者）。

1.2 第二次世界大戦期

39年に勃発した第二次世界大戦はティトマスの人生に大きな転機をもたらした。彼が当時従事していた保険調査員の職種は兵役免除の対象であったため，ティトマスは戦時中も研究活動を精力的に進めた。この時期の彼は国内の軍隊統計やドイツの人口統計を調査し，そこで得た知見を活かし

て経済軍事省の顧問も務めるようになった。またそれと並行して，多数の雑誌論文に加えて，『我々の食糧問題』(39年)，『親たちの反乱』(42年)，『出生，貧困及び富』(43年) 等を著した。彼はこれらの著作の中で，人口の要因がファシズムに対抗する戦争での勝利と戦後の社会再建の双方にとっての要であると主張した。

彼によれば，現下の戦争は「マン・パワー」を総動員するものであるため，人口の量と質を組織的に確保すること，すなわち人口政策を不可欠の要素とする。その点でイギリスとナチス・ドイツは同じ条件下にある。他方で，イギリスの人口政策は「自由」と「民主主義」を防衛することを目的とするという点で，戦争遂行そのものを目的とするナチス・ドイツのそれとは異なる。しかしイギリス国内の状況は「自由」や「民主主義」の理念を体現するようなものになっていない。その原因は「貪欲さ acquisitive」——協調性なき自己利益の追求——が前面化した資本主義にある。それは国内的には，経済的な不平等に起因する死亡率の階級間格差と，人々の間で物質的な価値が支配的なものになることに起因する（人口縮減が危惧されるほどの）出生率の低下をもたらしている。したがってイギリスの人口政策はそうした状況を解消するものである必要がある。そのような人口政策は同時に，戦間期の「軍事的平和 military peace」とは異なる平和を構築することにも繋がる。なぜなら「貪欲さ」が前面化した資本主義は，国際的には戦争の原因であるからである（こうした構図に従うならば，ティトマスはイギリスが国際連盟を活用して戦争を防止できなかった理由も「貪欲さ」が前面化した資本主義にこそあると考えていたと思われる）9。

40年代前半のイギリスにおいて，こうした議論は労働党の主張と最も親和的であった。事実，彼は42年に同党に加入している。当時，労働党の主要テーマのひとつは戦後に向けた社会再建の構想であり，その理論的支柱はラスキであった（Cole 1960: 90-1）。ラスキによれば，現下の戦争で勝利し，かつその勝利を平和に繋げるためには，「人民の戦争」（非戦闘員も巻き込む総力戦）を遂行するうえでの阻害要因であり，また戦争の原因でもある資本主義を改める必要がある（Laski 1943: 144-61）。ラスキ自身は，第二次世界大戦はイギリスを含む資本主義諸国が国内の不平等によっても補い得ない利潤を確保するために植民地の開拓に乗り出した結果であると考えていた。その認識が労働党内で共有されていたわけでは必ずしもないけ

れども，同党の社会再建構想はその大枠において彼の議論に則っていた。そして先述したティトマスの議論は，戦前のような資本主義を改めることが戦争での勝利と戦後の平和構築の双方につながると考えるという点で，労働党の社会再建構想と方向性を同じくしたのである。

42年にティトマスは現下の戦争についての政策史編纂作業の責任者（保健省部門担当の「ナレーター」）として内閣府に抜擢された。この企画の監修者であったK・ハンコックに彼を紹介したのは，優生学協会で知り合ったE・ハバックであった。ティトマスは当初，「膨大な仕事量に圧倒されっ放しである」と友人に漏らしていたものの，「戦時内閣直属のスタッフ」という地位も活用しつつ着実に作業を進めて行った[10]。そしてそこでの研究が，戦後における社会政策学者としての彼の人生の足場となった。

1.3 戦後

戦時政策史の編纂作業は『社会政策の諸問題』(1950年)となって結実した。約600頁にわたる大巻であるこの著書は「未完の事業」と題する章で締め括られている。彼はその中で，対人型の保健福祉サービス（医療サービス，母子，児童，老人福祉サービス）の分野を中心に，戦間期から提唱されてきたものの実現されなかった普遍主義の原理にもとづく施策が大戦中に整備され，かつ戦後社会はその遺産を「未完の事業」として引き継いだと主張した (Titmuss 1950a: 506-17, 538)[11]。

この年，彼はロンドン・スクール・オブ・エコノミックス (LSE) において，イギリスで初の社会行政学教授職に就任した（社会行政学は現在，社会政策学と呼ばれている）。当時T・H・マーシャルがLSE社会科学部の学部長を務めており，社会行政学教授職の創設とそのポストへのティトマスの任命は彼によってなされた[12]。50年代半ば以降はタウンセンドらフェビアンたちと活動を共にし，福祉政治に影響を与えた。

ティトマスの政策的影響力は第一次ウィルソン政権期（1964－70年）に絶頂に達した。この時期，同政権から厚い信頼を得た彼は，実質的に政府の社会政策にかんする顧問になると共に，自身も行政に深く関与した。特筆すべきは70年に自治体社会サービス法に則り社会サービス部が創設されたことである。行政的統一性を欠いてきた保健福祉サービスはこの部のもとに統合された。それは彼の提唱するコミュニティ・ケアの構想を多く体

現すると共に，20年前に「未完の事業」と呼び，推進してきた取り組みの一つの到達点でもあった。晩年は，大戦中に整備された献血制度に即して，匿名性と無償性を原則とする社会的交換の制度は利他主義を増強すると主張する『贈与関係』を著し，国際的にも関心を集めた。

第二節　ティトマスの＜軍事－福祉＞テーゼ

　ティトマスの「戦争と社会政策」論文は，社会政策は戦争（とりわけ総力戦）を遂行するための不可欠の要因であるとする見解を示す代表的な論稿とされてきた[13]。この論文はもともと1955年にロンドン大学でおこなわれた講演の記録がBBCラジオの紙面版『リスナー』に掲載されたものである。その講演原稿の加筆修正版が3年後に刊行された『「福祉国家」論集』に再録されている。本節ではこの論文集に収められた論考を取り上げ，その中で提示される＜軍事－福祉＞テーゼはいかなるものであるかを検討する。

2.1　戦争と社会政策

　ティトマスが提示した＜軍事－福祉＞テーゼの要諦は，「現代的戦争は少なくともイギリスにおいて社会政策にきわめて重要な影響を与え，また逆に社会政策の動向は戦争遂行の方法に影響を与えてきた」とする点にある（Titmuss 1958: 86-7）。彼によれば，戦争と社会政策がそうした相互的な影響関係をもつようになったのは，戦争遂行のために人口の大部分を組織することを不可欠の条件とする「現代的戦争」が登場して以降のことである（78）。

　彼の理解では，戦争と社会政策のあいだの相互作用の中身は戦争の変容に伴って変化してきた。その変化は以下の四つの段階に分けて説明される。

　第一段階では，戦争が一部の階層内で完結する性格のものから先述した意味での現代的なものへと移行する。イギリスではそうした移行は19世紀前半に起こり，社会政策の分野ではそれに対応して人口統計の整備が進められた（79）。

　第二段階では，個々の戦闘員が高い身体能力を有することへの軍事的な要請が高まる。時期的にはボーア戦争期（1899－1902年）にあたる。この時期，兵役志願者と戦闘員に対して医学的な見地にもとづく審査が実施さ

れるようになった。そうした審査は軍隊内部で機械化と分業が進んだことに対応して導入されたものであったが，その半面で不適格あるいは「傷病者」と見なされる人々を軍隊の内外に生み出した。その結果，社会政策の分野では，心身の状態が「標準」を下回るとされた人々に対応するための医療，福祉サービスが拡大した（79-80）。

　第三段階では，戦時に高い心身能力を有する戦闘要員を確保するために平時から「全人口の福祉と健康に配慮すること」への関心が高まる。イギリスではボーア戦争期から第二次世界大戦前までの時期にそうした動きは見られた。この時期には，いま述べた関心のもとで対人型の保健福祉サービスが発達した。具体的には「次世代の戦闘要員」として重視されるようになった児童を対象として学校給食制や学校検診制度が導入され，また成人に対しては伝染病対策のための無料サービスが始まった（80-1）。

　第四段階では，戦争は，より苛烈でかつ国内への直接的な攻撃も予想されるようになる中で，「国民〔戦闘員と一般人の両方〕に全面的な協力を要求する」性格のものへと変容する（84）。そして「"非戦闘員のモラール" civilian morale」を維持することと，国民の身体的健康を維持することが戦争遂行のための不可欠な条件になる。それに対応して社会政策の分野では「特定の基本的ニーズに対する公的給付を普遍主義的なものにしようとする潮流」，すなわち普遍主義の原理に従う社会政策（以下，「普遍主義的な社会政策」と表記する）を導入する動きが進む。時期的には第二次世界大戦期以降がこの段階にあたるとされる（82, 83）。

2.2　第二次世界大戦と普遍主義的な社会政策

　これら四つの段階のうち，ティトマスがより直接的な知見を有したのは第四段階である。では彼はいかなる見地のもとで，普遍主義的な社会政策は非戦闘員のモラールを維持することと国民の身体的健康を維持することという二重の要請に応えうるものであると主張したのであろうか。

　彼は，普遍主義的な社会政策は戦後社会の展望を提示するものであったとする見地から，そうした政策は非戦闘員のモラールを維持する効果を発揮したと論じた。彼によれば，非戦闘員のモラールを維持するためには「戦後の暮らしはどのようなものになるのかを知る機会を与える」必要がある。第二次世界大戦期に採用された普遍主義的な社会政策は「全ての市民

に対して最低限のニーズが保障される」という戦後の社会像を提示するものであった。そしてそうした「戦後の暮らし」のイメージは一般に魅力的なものとして受けとめられたため，非戦闘員のモラールを維持する効果を発揮したと言うのである（84）。

また，彼は戦時中に整備された対人型の保健福祉サービスに注目する見地から，普遍主義的な社会政策は国民の身体的健康を維持する効果を発揮したと主張した。けれども「戦争と社会政策」論文はその点について詳述していない。それは先述した『社会政策の諸問題』の中で論じられた主題である。そこで本節の以下の部分ではこの著書に即して，ティトマスはいかなる戦時中の社会政策を念頭に置いてこのような主張をおこなったかについて検討する。

『社会政策の諸問題』は四部構成をとっている。前半部（「予測された戦争」，「見えない戦争」）では，戦争準備が進められた戦間期からダンケルクの戦い（40年6月）までが主に扱われている。後半部（「戦闘」，「長期戦」）では，負傷者への対応や空襲対策が本格化したダンケルクの戦い以降の時期が主に扱われている。それらの部分での叙述によると，国民的な結束の高まりを背景に，この時期，社会政策の領域では以下のような展開がみられた。緊急医療サービス[14]の分野では空襲や工場労働を原因として負傷した非戦闘員も積極的に受け入れられるようになった。また疾病予防の観点から病院サービスと地域の保健サービスを統合する試みもなされた(471-90)。空襲対策の分野では住居喪失者に対応するために住居の確保や生活物資の配給が行われた（272-96）。疎開スキームではホスト家庭の負担を軽減することを主眼に，疎開者の厚生福利に資する取り組みが行政と篤志部門の双方によってなされた（370-8）。食糧配給の分野では，高いニーズをもつ人々（妊婦や母子，傷病兵等）に対して必要物資を優先的に支給する仕組みが導入された。他方，自治体の管轄する学校給食やミルク配給については従前の所得制限は廃止され，全ての児童に対して無料でサービスを提供する体制が整えられた（509-14）[15]。

最終章では大戦期における国民の健康状態が死亡率統計を使って表されている。それによると，この時期に死亡率は明確な改善傾向を示した（戦死を除く）。ティトマスはそうした改善をもたらした要因として，完全雇用が実現し，国民が十分な食費を賄いうる購買力を確保できるようになっ

たことと，先述したかたちで社会福祉サービスが発達したことを，医療サービスの質とアクセス性が改善したことと並んで重視している（530－5）。

こうした議論を踏まえると，「戦争と社会政策」論文の社会政策についての記述は，戦時中に導入された対人型の保健福祉サービスを主に念頭に置くものであったと考えられる。さらにティトマスは，それらの施策は死亡率の改善をもたらしたとする「事実」に基づいて，普遍主義的な社会政策は国民の身体的健康を維持する効果を有すると主張したと考えられる。先述した非戦闘員のモラールについての彼の議論に則ると，いま述べた戦時中の施策は戦後社会を部分的に先取りするものであったと言える。

第三節　ティトマスのテーゼと国民保健サービスをめぐる政治

前節で検討したティトマスの＜軍事－福祉＞テーゼを第二次世界大戦後のイギリスに当てはめてみると，このテーゼは，戦後の社会政策は戦時中に具現化された普遍主義の原理を発展的に継承したとする見方を示している。しかし，こうした見方は今日の研究水準から見ると無批判に受け入れられるものではない。1980年代以降に登場した修正主義の研究は，ティトマスの歴史観は戦時中に採用された一部の施策を過度に単純化，一般化すると共に，戦争のインパクトを過大評価していると批判した（Harris 1981）。そうした批判の中にはティトマスの描く社会政策史は「神話」であると論じるものさえ存在する（Fox 1986: 36; MacNicol 1986: 28）。

では，なぜ彼は「神話」を提示する必要があったのであろうか。本節ではこの問題を，第二次世界大戦期以降の国民保健サービスをめぐる議論状況に即して検討する。国民保健サービスは普遍主義的な社会政策の考え方を具現する代表的な施策であると共に，ティトマスが主眼を置く対人型の保健福祉サービスをその施策群の中に含む体系でもあった[16]。

3.1　社会医学と国民保健サービス

(1)　社会医学

ティトマスは30年代末期から軍隊統計を使った研究を進める中で，軍隊に固有の健康観を社会一般にも当てはめるようになった。そうした考え方の基本的な部分は，社会医学という当時新興の学問によって提唱された考え方と重なるものであった。実際，彼は41年頃から社会医学の共同研究に

たずさわる。他方、この時期の社会医学は戦後社会における保健福祉サービスの編成原理を提示する学問として社会的な影響力を高めた[17]。

社会医学の特徴は次のような健康観にある（以下の叙述は『我々の食糧問題』におけるティトマスの議論をパラフレーズしたものである）。それによると、個体の身体的状態は環境条件に応じて多様である。そうした多様性を統計手法にもとづき集計したうえで、今度はその統計のもとで「標準的」な健康状態を示す指標を創出し、かつそれを各個体に当てはめる。すると彼／彼女の身体的状態を健康度の分布図の上で表すことが可能になる。ここでいかなる指標を採用するかは任意であるが、ティトマスは可能な限り最善な身体的状態を「標準的」な健康状態の指標として用いた（Titmuss 1939c: 90-144)[18]。

こうした健康観にもとづく社会医学は、疾病の予防と健康の増進を、治療と並んで重視した。疾病の予防と健康の増進は臨床レベルでは健康にかかわる助言や早期発見を通じて図れるとされ、また社会レベルでは生活環境の改善が効果を発揮するとされる。ティトマスの主眼は後者の社会レベルでの取り組みに置かれた。彼は死亡や罹病についての統計を使った独自の調査にもとづいて、所得や雇用といった経済条件や、住環境や食を中心とする生活諸条件を改善することが健康の増進につながると主張したのである（Titmuss 1938: ch. 11; Titmuss 1942)。

社会医学の提唱者たちはこうした見地のもとで、通称ドーソン報告（1920年)[19]の示した保健制度の構想を理想的な政策モデルとみなした。ドーソン報告は「予防医療と治療は緊密な連携関係のもとに置かれなければならない」とする観点から、保健センターと専門病院を全国的に組織することを提言した（Cmd.693: paras. 5-13)。そして、保健センターは、一般医療、健康相談、母子福祉、学校医療、健康訪問、伝染病対策といった地域の保健福祉サービスの拠点であるとされ、専門病院は、専門医による診断、治療サービスが提供される施設であるとされた[20]。

もっとも、この報告自体は財政的、政治的な理由から実現されなかった。けれども複数の機関が全体として無秩序に事業を展開するというドーソン報告が問題視した状況はその後も存続したため、そうした状況を改善しようとする人々を中心にこの報告の影響力は保持され続けた（小川 1968:362-79; Oswald 1997: 62-3)。そして、社会医学はそうしたドーソン報告の精

神に学問的な表現を与えようとするものでもあったのである。

(2) 戦後構想への影響

大戦期に社会医学が台頭した背景には，以下の2つの要因が存在した。ひとつは戦後にむけた社会再建論のなかで保健サービスの改編をめぐる議論が活発になったことであり，もう一つは社会医学の推進者たちの中から政策形成に参与する者が現れたことである。彼らは次の三分野を中心に政府の政策形成に直接かかわった。第一は緊急医療サービスなどの戦時政策の策定や運営であり，第二は戦後の保健サービスについての政府内の検討である。第三は保健サービスの再編に合わせた医学教育の見直しである[21]。

そうした中，社会医学の提唱者たちの主張は戦後の保健政策をめぐる議論に対して少なくない影響力をもった。たとえば，42年のベヴァリッジ報告は国民皆保険制度を導入することを提唱したうえで，その制度を支える諸前提のひとつとして「包括的な保健および健康回復諸サービス」を盛り込んだ（Cmd. 6404: para. 426-39）。そうしたサービスについてベヴァリッジは，すでに医師会の代表者会議で承認を得ていた保健制度改革の構想を踏襲したが，多くの社会医学の提唱者たちがその提言の作成に参画していた（para. 427; *BMJ* [20 Jun. 1942][22]）。また医学教育の見直しについては，社会医学を提唱する医学者たちは「医学教育に関する省庁横断委員会」の設立をうながし，かつ社会医学を教育課程に取り入れるという提言をこの委員会の報告に盛り込むことに成功した（Goodenough Report 1944: 167-75; Oswald 1997: 67-74）。

もっとも，保健関連サービスに従事する専門職群の内部には境界や緊張あるいは序列関係が存在し，それらは社会医学の運動をも規定した。たとえば，ベヴァリッジ報告は戦後の社会保障体系が対処すべき主な項目として，「疾病」と並んで「不潔／みすぼらしさ squalor」を挙げた（para. 8）。これらは共に「包括的な保健サービス」に括りうるものの，先述した医師会の承認を得た提言は「不潔／みすぼらしさ」に直接対処する施策として社会福祉サービスを挙げるにとどめた（逆に言うと，保健行政官の中心的な関心事であった生活環境の整備は別枠扱いとされた）。これは保健行政官と民間医のあいだに存在した境界や緊張関係に起因するものであったと考えられる[23]。

そして，専門職間のそうした微妙な要因が国民保健サービスの形成過程

にも影響を与えた結果,病院部門と一般医部門,および自治体の保健福祉部門は構造的に分断された (Honigsbaum 1979: pt. 5)。その過程はまた,社会医学の運動が求心力を失ってゆく過程でもあった。

けれども,46年に成立した国民保健サービス法は依然として社会医学の政策観を体現している。たしかに,この法律は病院サービスの無料化と国有化に踏み出したという点を中心に社会医学の提唱者たちの構想と異質な部分を有する。しかし,それは次の重要な点で彼らの構想と一致していた。すなわち,国内に居住する全ての者に対して「包括的な保健サービス」を提供するという理念のもとで専門医療サービスを再編すると同時に,地域レベルでは保健センターを拠点にして,一般医療サービスと自治体の保健福祉サービスを総合的に展開するとした点である (National Health Service Act, 1946)。とりわけ保健センターが法定化されたことは大戦期における社会医学の推進者たちの視点から見ると画期的であった。

(3)「保健サービスにおける危機」

ところが保健センターは国民保健サービスの開始以降,ほぼ有名無実の状態であった。46年の法律は保健センターと保健福祉サービスの運営権限を自治体に委ね,保健センターの中心的な担い手とされた一般医の待遇は原則として自治体との契約にもとづくものとした (Sec. 33)。しかし保健省がこの事業を推進しなかったことと,技術的および心理的な理由により一般医の参加が低調であったことが複合的に作用して,イングランド・ウェールズでは40年代末の時点で開業中の保健センターは10件にとどまった (Ryan 1968; Curwen 1969: 945)。さらに,国民保健サービス法に盛り込まれた自治体の予防サービスに関する規定は当初,結核予防の分野に限って運用された (Circular 118/47 [MoH], para. 37)。他方で,治療サービス部門——病院サービスと一般医療サービス——は戦時の仕組みを引き継いだ結果,国民保健サービスは治療サービス中心のものになった[24]。

こうした制度の実態は,社会医学の観点に則るならば「包括的な保健サービス」と呼び得ないものであった。実際,社会医学の推進者の一人であったマッキントッシュは50年代初めに,国民保健サービスが治療サービス中心のものになっている状態を指して「保健サービスにおける危機」と呼んだ (MacKintosh 1953: 154, 177)[25]。このような見方はその後の保健政策をめぐる論議の中で断続的に表面化する (Cmd. 9663: para 113)。

自治体の保健福祉サービスが抑制されたことの背景には戦後の資源不足と深刻な財政難があった。第二次世界大戦後のイギリスは原料と労働力が大幅に不足する状態にあった。そのため国民保健サービスの中で高い比重を占めた治療サービス部門においてさえ，新規の病院建設はほとんどおこなわれなかった（Tomlinson 1997: 247-50）。他方で，国民保健サービスへの財政支出は48年の制度開始直後から当初の予想を大幅に超過し続けた。これに対して財政は逼迫していたため，国民保健サービスへの支出を抑制しようとする圧力が高まったのである（Webster 1988: 133-43）。

3.2 ティトマスにおける「危機」への対応

　40年代後半以降のティトマスは，一方で，先述したマッキントッシュと同様の観点から国民保健サービスが治療サービス中心であることに一種の危機感を抱いた（Titmuss 1951a, b）。他方で，国民保健サービス法そのものは，前節で述べた社会医学の考え方に則って施策を展開するための条件を備えていると考えた。そして，そうした認識に立ちつつ，保健政策に影響を及ぼす可能性を有していた優生学協会と医学研究評議会（Medical Research Council）の社会医学研究ユニットの活動に参画ないし参与した。

(1)　優生学協会と医学研究評議会

　優生学協会は1944－49年に設置された王立人口委員会に対して直接的な影響力をもった。王立人口委員会は出生率の低下に対する関心が高まったことを受けて人口動態について調査し，政策提言を行うことを目的に設立された（Cmd. 7695）。その調査メンバーの多くは優生学協会の下部組織から発展した人口調査委員会に所属していた。優生学者たちは「優生」の考え方に従う施策（検査，助言・指導，堕胎，不妊手術等）を実施するための機関として国民保健サービス法の定める保健センターに注目した。彼らの主張は王立委員会の最終報告に反映されたものの，現実の政策への影響はほとんど見られなかった（Soloway 1995: 338-9）。

　人口調査委員会の前身は36年に優生学協会内に設置された人口政策委員会であるが，ティトマスは大戦前期にその中心的なメンバーであった。彼は人口調査委員会の提唱者の一人でもあったものの，大戦後期に幹部クラスが協会に戻って来るなかで主導力を失った。しかしその後も人口調査委員会に関与し，またこの委員会とも連携する問題家族委員会——今日で言

う「アンダークラス」について調査するために優生学協会が設立した機関——にも参与した[26]。問題家族委員会は国民保健サービス法の規定する自治体サービスも視野に入れて政策提言する考えをもっていた（Wofinden 1950: 34-7）。そして、その活動は人口調査委員会を介して王立人口委員会の報告に影響を与えるか、あるいは新しい公的委員会の設立をうながし、そこに影響力を及ぼす可能性をもっていた。

　他方で、医学研究評議会の社会医学研究ユニットは47年に創設された。母体である医学研究評議会は社会保険拠出の一部を財源にして医科学研究を推進するための機関であり、その研究成果は広く活用されることを期待された。社会医学研究ユニットの研究テーマは、統計局と社会保障制度を通して得られる健康関連情報を使った社会医学研究と「社会－医療サービス」の実態調査であった[27]。後者の実態調査は、実質的に社会医学の見地にもとづく国民保健サービスの政策評価であった。

　ティトマスはこの研究ユニットの創設者の一人であり、最初期から研究立案にたずさわった。彼が参画した研究企画の中に「家族の健康ニーズ」についての研究がある。これは一般医とソーシャルワーカーのもたらす家族単位の健康関連情報にもとづき「未充足のニーズ」や「分節化されていないニーズ」を把握しようとするものである[28]。その政策的含意は「健康ニーズ」を基準とする政策的知を創出することと、それを通じて保健政策の変更をうながすことにあったと考えられる。

(2)「社会的な優先事項」

　しかし、50年代に入っても保健政策に大きな変更は見られなかった。しかも51年初頭に当時の労働党政権は朝鮮戦争をきっかけにして再軍備を決定したため、財政はさらに悪化した（次頁の図1は51年度予算から防衛純支出が急上昇したことを示している）。そうした中、政権内では医療サービスを有料化しようとする動きが台頭した。これに対して当時の保健相ベヴァンは国民保健サービスの無料原則に例外を設けるか再軍備かの選択であるとする姿勢を示し、この動きに強く反発した。結局、51年に補充的眼科、歯科サービスが一部有料化され、ベヴァンはハロルド・ウィルソンと共に閣僚職を辞任した（Webster 1988: 133-83; Geiger 2004: ch. 3）。

　図1の示すように国民保健サービス支出の伸び自体は51年度予算を境に安定し始めた。けれども、同制度に対する緊縮財政は51年10月に誕生した

図1　防衛純支出と国民保健サービス（NHS）純支出の推移

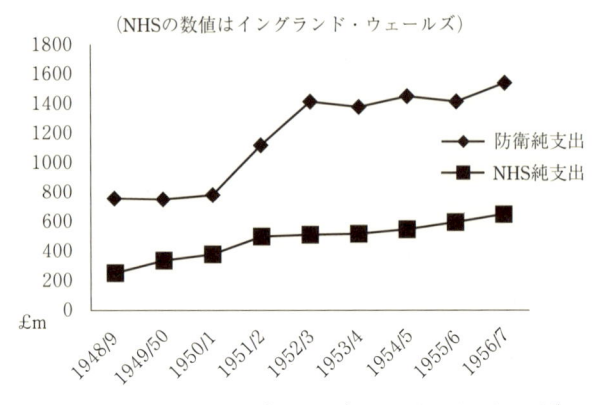

（NHSの数値はイングランド・ウェールズ）

データ元：Peden（2000：42, 419, 494, 498）

保守党政権によっても継承された。さらにそれと並行して，軍事的な安全保障あっての福祉であるとする見地から，軍事部門の比重を高める方向で経済を再編するうえで「福祉国家」（国民保健サービスはその象徴的存在であった）は阻害要因であるとする言説が台頭した[29]。そうした中，保守党政権下では国民保健サービスを保険制度に切り替えることやサービスのさらなる有料化を進めること，あるいは所得制限を導入することも検討された（Macleod 1952: 30-2; Bridgen 1998: 44-52）。

　そのような情勢下にあって，ティトマスの主眼は，社会政策や「福祉国家」をめぐる議論へと移って行った。先述の問題家族委員会は彼が優生学者たちとの見解の違いを痛感するきっかけになった。この委員会の調査報告を見ると，遺伝決定論的な下層階級観とヴィクトリア期的な個人主義を基調としており，「問題家族」を解消するためには断種政策が最善策であるとする見方も否定していない（Wofinden 1950: 41-2）。したがって，そこに普遍主義的な社会政策の考え方との接点を見出すことは難しい。問題家族委員会での議論がそうした方向で進むなかで，ティトマスは国民保健サービスについて優生学協会内でほとんど発言していない。それは児童手当制度などについて積極的に見解を表明していたのとは対照的である。そして50年には問題家族委員会のメンバーを辞任した[30]。他方で，社会医学は福祉にかかわる主題を社会的要因に即して検討する視点を彼にもたらしたけ

れども，50年代以降，そうした視点は社会政策についての議論のなかに取り入れられて行った。

　この時期のティトマスは社会政策の専門家としてラジオなどの一般メディアで発言する機会を多く持つようになった。そこでの発言の内容は多岐にわたるが，産業や軍事にヨリ多くの資源を投入するべきであるとする議論に対して「社会的な優先事項 social priorities」を強調することをモチーフにするという点で一貫している。彼の言う「社会的な優先事項」とは，普遍主義的な社会政策を重点分野も考慮しつつ着実に発展させて行くことを指す（Titmuss 1950b, 1951a）。それは，産業と軍事を「国家的な優先事項 national priorities」とすることを主張する保守派の議論に対抗する意味を有していた[31]。

　そうした「社会的な優先事項」の考え方は次の二つの主張と合わせて提示された。一つは，現在の社会政策は施策の編成原理についての普遍主義化（脱救貧法化）という歴史的過程の一つの到達点に位置するという主張であり，もう一つは，伝統的に健康ニーズを充足してきた家族は社会変動の中でその機能を低下させているため，これを政策的に補完する必要性が高まっているとする主張である。ここで，家族の機能を補完するための施策として念頭に置かれていたのは対人型の保健福祉サービスである。つまり，ティトマスは「社会的な優先事項」そのものを社会政策の普遍主義化という歴史観によって基礎づけたうえで，対人型の保健福祉サービスを現下の社会政策における重点分野と位置づけたのである。

　『「福祉国家」論集』及び，その中に収められた「戦争と社会政策」論文における＜軍事－福祉＞テーゼは，こうした議論と並行して提示されたものであった。このテーゼに含まれる先述の歴史観——第二次世界大戦を境に社会政策は普遍主義的な保健福祉サービスを発展させる方角へとむかったとする歴史観——は，「社会的な優先事項」の観念を中心に据える議論の要をなす「社会政策の普遍主義化」という命題を戦争という要因に注目して言い換え，補強する機能をもっていた。

　しかし，ティトマスの歴史観はより積極的な意味も有した。彼は「戦争と社会政策」論文の中で，第二節2.1で論じた「非戦闘員のモラール」の議論に見られるように，戦時中に導入された普遍主義的な保健福祉サービスと戦後社会の展望との結びつきを強調している。他方で，第一節で論じた

ように，大戦中の彼は，人口政策（それは具体的には普遍主義的な保健福祉サービスを指した）を戦後における平和構築のための手段としても位置づけていた。そうした主張は労働党の社会再建論とベースを共有するものであったが，その労働党の議論は，45年の総選挙で同党が圧勝したことに見られるように，少なくとも大戦直後の時点では社会的な受容基盤をもっていた。したがって「神話」とされる彼の歴史観は，この（潜在的な）基盤に向かって，再軍備と対比させるかたちで普遍主義的な社会政策の意義を再確認するよう訴え，かつその上で，国民保健サービスの掲げる包括的な保健サービスの理念を推進しようとするものであったと考えられる。

おわりに

本稿の検討から明らかになった事柄を，冒頭で示した＜軍事－福祉＞テーゼの類型を用いて整理すれば以下の通りである。ティトマスの＜軍事－福祉＞テーゼは因果モデルの下部カテゴリーである，福祉は戦争装置の一環として機能するという命題を体系的に表すと共に，同じくこのモデルの下部カテゴリーである戦争は福祉の発達をうながす社会的な意識変化をもたらすとする命題を，次のような形で提示するものであった。すなわち，第二次世界大戦は福祉の充実した社会への展望を人々のあいだにもたらし，実際，（その基盤のうえに）戦後社会は戦中に部分的に実現された普遍主義的な社会政策をさらに発展させてゆく方向へとむかったとする点を示唆する，という形である。そうしたティトマスの＜軍事－福祉＞テーゼは，治療サービスと並んで（社会医学の考え方に基づく）保健福祉サービスも推進する必要があるとする保健政策観に則ったものであった。

他方でそれは，1950年代前半の福祉をめぐる情勢のもとでは，逆説的ながら背反モデルの＜軍事－福祉＞テーゼとしての意味も有した。たしかにティトマスは，福祉は戦争遂行のための手段という側面を有してきたと述べている。その点は彼の定式化した＜軍事－福祉＞テーゼのなかで明示されている。しかし彼において，第二次世界大戦時には，福祉を充実することこそが戦争の重要な目的であった。つまり，第二次世界大戦は（軍事ではなく）福祉が重視される平和を勝ち取るための戦争として意味づけられていたのである。さらに，国民保健サービスを中心とする戦後の社会政策はそうした特質をもつ第二次世界大戦と連続性を有するという。こうした

見方は，1950年代前半の状況下においては，実質的に，再軍備に反対するという政治的な意味をもっていた。当時の逼迫した財政事情のもとで再軍備はほとんど不可避的に福祉の削減につながった。したがって，（第二次世界大戦中に福祉は戦争の目的であり，戦後の社会政策はその精神を引き継いだとする）先述したティトマスの見方に則れば，再軍備はこの戦争の意味を失わせるものとなる。そして彼の見方はそのような認識を示すものであったが故に，再軍備に反対するという政治的意味をもっていたのである。戦争の記憶が薄れつつあった50年代中頃の時点で，ティトマスが改めて現在の社会政策を第二次世界大戦と結びつける見解を示したということを考えると，彼自身もその点を強く意識していたと考えられる。そしてそのことは，因果モデルに沿ったティトマスの＜軍事－福祉＞テーゼは，それが福祉を「戦争」の目的としても見なすという点で特殊な因果モデルであったが故に，当時の文脈においては背反モデルの＜軍事－福祉＞テーゼとしても機能したということを意味しているのである。

（1） たとえば，Caputo（1975）；Yildirim（2002）を参照。
（2） Eley (1995: 171); Halperin (2004: ch. 8).
（3） 社会帝国主義については，Masterman（1901/1973）を参照。またそれに沿った＜軍事－福祉＞テーゼを提示する研究として，Davin（1978）；Dwork（1987）を参照。
　　なお，軍事と福祉の両要因に注目して国家の性格を分析しようとする政治経済学の議論があるものの，それはテーゼというより分析枠組みであるため本稿の分類に加えなかった。
（4） ティトマスの議論を因果モデルの一つ目のタイプとして取り上げる近年の研究として，Kasza（2002: 431）を参照。彼の議論を因果モデルの一つ目のタイプとして取り上げる近年の研究としては，Halperin（2004: 249）を参照。さらに，この二つの性格を併有するものとして取り上げる研究として，Adams（1977）を参照。なお，近年，国家論的な観点から＜軍事－福祉＞テーゼを扱う研究もあり，その中でティトマスの議論も取り上げられている（Dandeker 1990: 102-8; 金田 2000：98）。
（5） 前者の見方は英語圏外では，大河内（1940）及びその中で紹介されているドイツの議論の中でより早い時期に提示されている。
（6） なお本稿では，紙幅の関係もあって，ティトマスの議論は国力増強モデルの注目する社会帝国主義と連続性を有するものであるという評価につ

いて直接的な検討を行わない。しかし本稿の著者は，以下の叙述から明らかなように，少なくとも彼の＜軍事－福祉＞テーゼについてはそうした評価は当てはまらないと考えている。
(7) 本節でのティトマスについての伝記的記述は特に断りのない限り，Oakley（1997）; Gowing（1975）に拠る。
(8) 戦間期から第二次世界大戦期にかけてのイギリスにおける平和主義の議論については，吉川（1989）を参照した。
(9) Titmuss（1939a, b）; Titmuss（1941）; Titmuss（1942: 116-20）は本文で挙げた3つの著作に含まれる主張のエッセンスをより凝縮された形で示している。本稿のこの部分の要約は基本的にこれらの論稿の中の議論に則っている。
(10) Oakley (1997: 148, 150); PRO MH76/618.
(11) ここで言う普遍主義の原理とは，資産など対象者の属性を問わず，ニーズを充足するために必要十分なサービスを提供するというものである。
(12) BLPES, LSE archives, Box 12xiii, T. H. Marshall's article in *the Link*.
(13) 注（4）で挙げた諸文献，及び Smith（1986）を参照。
(14) 自治体部門と慈善部門の医療諸資源を保健省の一元的な管理下におく体制を指す。1939年に導入され，当初は負傷兵に対応することに主眼を置いた。
(15) なお，『社会政策の諸問題』で扱われる施策分野とそれに関する論点は極めて多岐にわたっており，本稿で取り上げたのはそれらの一部に過ぎない。
(16) なお，国民扶助法，児童法，教育法等も対人型の福祉サービスについて規定している。
(17) 社会医学は臨床医学者と公衆衛生学者を中心に提唱された。社会医学に関心を示す臨床医学者の多くは臨床に独自の機能を医科学的に定義しようとする過程でこの学問分野に注目した。たとえば，ライル（イギリスで初の社会医学教授）は最終的な病因を特定しようとする実験科学の方法に対して，臨床観察にもとづくデータ（生活歴を含む）を長期にわたって蓄積することを通じて疾病の徴候を科学的に解明する方法を提唱した（Ryle 1942, 1943）。

他方で，社会医学に関心をもつ公衆衛生学者の多くは包括的な保健福祉サービスを自治体レベルで整備しようとする保健行政官であった。29年の法改正により自治体は包括的な保健福祉サービスを展開する権限を得た。これにより無秩序であった保健サービスの体系が自治体を中心に再編されることが期待されたものの30年代を通じて大きな変化はみられなかった。保健福祉サービスの体系化をなおも追求する保健行政官はその原因は統合

原理の欠如にあると考え，その観点から社会医学に注目した（MacNalty 1943: 8）。ティトマスの社会医学への関心はこのうちの公衆衛生学者のそれに近かったが，彼の研究は臨床医学者によっても注目された（Ryle 1943）。
(18) ただし，実際の研究では個体ではなく階層の健康度が扱われた。これは彼が階級と健康の関係に注目したということと，当時入手可能な統計では地域，所得，年齢等の属性しか明らかに出来なかったということの両方に起因すると考えられる。
(19) 正式名称は『医療及び関連諸サービスの将来的な供給体制に関する中間報告』であり，ドーソンはこの委員会の議長を務めた。
(20) ただしドーソン報告は保健センターを「第一次保健センター」と呼び，専門病院を「第二次保健センター」と呼んでいる。「第一次保健センター」はその後「保健センター」の名称で定着して行った。
(21) 戦時政策の策定，運用に参与した社会医学の代表的な推進者たちとして，F. A. E. Crew, W. Wilson-Jameson, A. MacNalty, J. Ryle が挙げられる。
(22) 42年には保健行政官の全国組織と，若手の保健サービス従事者から成る「医療計画研究」も保健制度改革についての提言をおこなった。それらの報告は，環境衛生や疾病予防により高い比重を置きつつ健康観と保健政策についての考え方を社会医学と共有している。
(23) 専門職内部の境界や緊張が保健政策をめぐる議論に及ぼした影響については，Honigsbaum（1979）に詳しい。
(24) 制度開始から7年間の部門別支出を見ると，病院部門が全体の約半分を占めたのに対して，自治体サービス部門は7〜9パーセントで推移している（救急サービス等も含む）。残りは一般医療，歯科，眼科，薬剤サービスから成る（Cmnd. 9663: Appendix. 3）。
(25) マッキントッシュは「保健サービスにおける危機」を構成する要素としてその他に，中央−地方関係や保健行政の民主性にかかわる点も挙げている。
(26) Wellcome, CPB/DF, letter from Titmuss to Blacker, 27/6/46; 29/7/47; BLPES, 4/544; Langford (1988: 12).
(27) PRO FD/284, "Formation of a Medical Research Council Social Medicine Unit" (1947).
(28) BLPES, ADD 3/3, "Family Study" (1950).
(29) たとえば，"Rearmament and welfare", *Times* (Oct. 19, 1951); "National priorities", *Economist* (Jan. 22, 1949); Macleod (1952) を参照。BLPES, Titmuss Papers にはこれらの記事の切り抜きが保管されている。
(30) BLPES 4/545, letters between Titmuss and Blacker, 1950, 1952. 児童手当制についての記述は，Wellcome, CPB/DF, letter to Blacker 4/4/45 に拠る。

(31) 保守派の議論については注(29)で挙げた論稿を参照。なお，当時の労働党政権も産業を最重視していたため，この項目についての保守派の主眼はより高い経済成長を実現するための方策に置かれた（Tomlinson 1997）。軍事については，そのために福祉をどの程度犠牲にする用意があるかが潜在的な争点であった。

文献目録

■未刊行史料

BLPES (British Library of Political and Economic Science), Titmuss Papers.
PRO (Public Record Office, Kew)
Wellcome (Contemporary Medical Archives Centre at the Wellcome Institute for the history of medicine), Eugenics Society.

■政府刊行史料

Cmd.693 (1920) *Interim Report on the Future Provision of Medical and Allied Services* (Dawson Report)
Cmd.6404 (1942) *Social Insurance and allied Services* (Beveridge Report)
Cmd.7695 (1949) *Royal Commission on Population: Report*
Cmnd.9663 (1956) *The Report of the Committee of Enquiry into the Cost of the National Health Service*
Inter-Departmental Committee on Medical Schools (1944) *Report of the Inter-Departmental Committee on Medical Schools* (Goodenough Report)

■一般刊行史料／二次文献

Adams P. (1977) 'Social policy and war', *Journal of Sociology and Social Welfare* 4(3-4): 419-32.
Bridgen P. and Lowe R. (1998) Welfare Policy under the Conservatives, P. R. O.
Caputo D. A. (1975) 'New perspectives on the public policy implications of defense and welfare expenditures', *Policy Sciences* 6(4): 423-46.
Cole G. D. H. (1960) *Socialism and Fascism*, Macmillan. 臼井久和訳『社会主義とファシズム』（ダイヤモンド社）
Curwen M. (1969) 'Health centres', *Lancet* (1 Nov.): 945-8.
Dandeker C. (1990) *Surveillance, Power and Modernity*, Polity Press.
Davin A. (1978) 'Imperialism and motherhood', *History Workshop* 5: 9-65.
Dwork D. (1987) *War is Good for Babies*, Tavistock.
Eley G. (1995) 'War and the twentieth-century state', *DaDalus* 124(2): 155-74.
Fox D. M. (1986) The National Health Service and the Second World War, in Smith (1986).
Geiger T. (2004) *Britain and the Economic Problem of the Cold War*, Ashgate.

Gowing M. (1975) 'Richard Morris Titmuss', *Proceedings of the British Academy* 61: 401-28.
Halperin S. (2004) *War and Social Change in Modern Europe*, Cambridge U. P.
Harris J. (1981) Some Aspects of Social Policy in Britain, in W. J. Mommsen (ed.), *The Emergence of the Welfare State*, Croom Helm.
Huxley A. (1937) Ends and Means, Chatto & Windus.
Kasza G. J. (2002) 'War and welfare policy in Japan', *Journal of Asian Studies* 61(2): 417-35.
Honigsbaum F. (1979) *The Division in British Medicine*, Kogan Page.
Langford C. M. (1988) *The Population Investigation Committee*, P. I. C.
Laski H. (1943) *Reflections on the Revolution of our Time*, G. Allen & Unwin. 笠原美子訳『現代革命の考察』(みすず書房)
MacKintosh J. M. (1953) *Trends of Opinion about the Publish Health*, Oxford U. P.
MacLeod I. (1952) 'The "Tory design for the future"', *Listener* (6 Nov.): 766-7.
MacLeod and Powell J. E. (1952) *The Social Services*, Conservative Political Centre.
MacNalty A. (1943) *The Reform of the Public Health Services*, Oxford U. P.
MacNicol J. (1986) The Evacuation of Schoolchildren, in Smith (1986).
Masterman C. F. G. ed. (1901/1973) *The Heart of the Empire* [edited with an introduction by B. B. Gilbert], Harper & Row.
Oakley A. (1997) *Man and Wife*, Flamingo.
Oswald N. (1997) Training Doctors for the National Health Service, in D. Porter (ed.) *Social Medicine and Medical Sociology*, Rodopi.
Peden G. C. (2002) *The Treasury and British Public Policy*, Oxford U. P.
Ryan M. (1968) 'Health centre policy', *British Journal of Sociology* 19(1): 34-46.
Ryle J. (1942) 'The science of health', *BMJ* (26 Dec.): 745-8.
――(1943) 'Social medicine', *BMJ* (20 Nov.): 633-6.
Smith H. ed. (1986) *War and Social Change*, Manchester U. P.
Soloway R. (1995) *Demography and Degeneration*, Univ. of North Carolina Press.
Titmuss R. (1938) *Poverty and Population*, Macmillan.
――(1939a) 'Man-power and health', Spectator (May): 896-7.
――(1939b) 'Hitler's man-power problem', *Spectator* (Oct.): 539-40.
――(1939c) *Our Food Problem*, Penguin.
―― (1941) 'The end of economic parenthood', *New Statesman and Nation* (9 Aug.): 130-1.
――(1942) 'Epidemiology of juvenile rheumatism', *Lancet* (18 Jul.): 59-63.
――(1950a) *Problems of Social Policy*, HMSO & Longmans.

―――(1950b) 'Cross-roads in social policy', *Listener* (22 Jun.): 1051-2.
―――(1951a) 'Family problems in the welfare state', *Listener* (15 Mar.): 411-2.
―――(1951b) 'Health service and housing', *Times* (19 Feb.): 7.
―――(1951c) 'Ministries and functions', *Times* (23 Feb.): 19517.
―――(1958) War and Social Policy, in *Essays on 'The Welfare State'*, Unwin. 谷昌恒訳『福祉国家の理想と現実』(社会保障研究所)
Tomlinson J. (1997) *Democratic Socialism and Economic Policy*, Cambridge U. P.
Webster C. (1988) *The Health Services since the War*, vol. I, HMSO.
Williams F. (1989) *Social Policy: a Critical Introduction*, Polity Press.
Wofinden R. C. (1950) *Problem Families in Bristol*, Eugenics Society.
Yildirim J. and Sezgin S. (2002) 'Defence, education and health expenditures in Turkey', *Journal of Peace Research* 39(5): 569-80.
大河内一男 (1940)『戦時社会政策論』,『大河内一男著作集・第4巻』(青林書院) 所収。
小川喜一 (1968)『イギリス国営医療事業の成立過程』(風間書房)
金田耕一 (2000)『現代福祉国家と自由』(新評論)
吉川宏 (1989)『1930年代英国の平和論』(北海道大学図書刊行会)

包摂／排除をめぐる現代デモクラシー理論
――「闘技」モデルと「熟議」モデルのあいだ――

山田竜作＊

「現在の状況下で挑戦を受けているのは欧米だけではなく，現代文明全体である。その挑戦とは，自分たちの属する共同体が多文化的で多極的なものであり，多岐にわたる文化・文明の独自性を抹殺するのではなく，更なる向上を助けることにこそ存在意義がある，との理解を深めることである。」　　――ヴァーツラフ・ハヴェル1

1　はじめに――ラディカル・デモクラシー論の行方

「包摂／排除」（インクルージョン／エクスクルージョン）という問題は，現代のデモクラシー理論にいかなる課題を突きつけているのだろうか。

過去20年余り，「差異の政治」（ディファレンス）「アイデンティティの政治」「承認の政治」（レコグニション）などをめぐって，「ラディカル・デモクラシー」論が多様な形で展開されてきた。「ラディカル・デモクラシー」の名のもとに語られた事柄は，多くの論点を含むゆえに極めて錯綜しており，安易な一般化は慎まなければなるまい。しかしあえて言うならば，現代のラディカル・デモクラシー論は，少なくとも1950～60年代に主流となったデモクラシー論――ジョセフ・シュンペーター流の，市場をモデルとしたエリート選出手続きとしてのデモクラシー論であり，「利益集団多元主義」（インタレスト・グループ・プルーラリズム），「均衡型」デモクラシー・モデル（Ｃ.Ｂ.マクファーソン），また近年「利益集積型デモクラシー」（アグレゲイティブ）と呼ばれているもの――が十分に考慮してこなかった上記の「差異」や「アイデンティティ」あるいは「シティズンシップ」，マルクス主義的な階級闘争（クラス・ストラグル）に還元されえない「新しい社会運動」，さらには多文化主義を，

＊　日本大学国際関係学部准教授，政治理論・現代社会論

その議論の射程に入れるという共通性が見られよう。そこには，差別や抑圧を被ってきた人々や集団が持つ，固有の文化や価値の多元性を尊重しつつ，それらを政治社会の中でいかに公平に扱うかという，まさに「包摂／排除」の問題に直結する関心があると言ってよい。

　しかし，共産主義体制の崩壊という形での冷戦終結によって「勝利」したとされたリベラル・デモクラシーが，「包摂／排除」にまつわる諸問題——「文明の衝突」，民族紛争に伴う大量の難民の発生，原理主義の台頭，加速するグローバル化の中での移民の増大，同質の「国民（ネイション）」および「国民国家（ネイション・ステイト）」という単位それ自体の自明性喪失，等々——に満足に対処しえていないことは，しばしば指摘されてきた。冷戦後の世界が，「異質な他者の存在を認めない」という不寛容さの蔓延によって暴力と分断作用に満ち満ちている，という現実を目の前にして，「異質な他者との共存・共生」が政治学やデモクラシー理論の力量を問う喫緊の問題として立ち現われてきたことは，疑いえない事実であろう2。

　「包摂」が，政治社会におけるメインストリームへの「同化（アスィミレーション）」を強いるものであれば，それは周縁化されてきた人々の解放にはならない。「同質性（ポゼシーノノィ）」と結びついた「平等」が，「差異」や「アイデンティティ」を否定ないし無視するものであることを告発する立場からすれば，「普遍性（ユニヴァーサリティ）」は暴力性を伴った抑圧を意味しうるし，むしろ「個別性（パティキュラリティ）」の承認こそ解放（さらなるデモクラシー（ラディカル））につながることになろう。逆に，「差異」や「アイデンティティ」の過剰な強調を警戒する立場からすれば，「個別性」の主張が差異の「尊重」ならぬ差異への「執着」を生み，特定のアイデンティティの排他的絶対化につながることで，かえって共生とは反対の，社会の分断化・バルカン化をもたらすことの方が問題であろう3。いずれの場合にも，アイデンティティを共有しない者の「外への排除」（物理的抹殺をも含む）と，集団内部で差異を許容しない「内への同化」という論理が働いている。無限に細分化しうるアイデンティティをすべて承認することにリアリティがあるとは言えず，境界線の引き方によってアイデンティティそれ自体が変化する以上，どの境界線は正当でどの境界線は不当であるかを一義的に決めることも不可能であろう4。

　境界線を引くという行為に，一定の排除が付きまとうことは避けられないにせよ，その排除の固定化を許してしまうことには問題がある。"いか

なる自己絶対化・自己完結化をも退けるのがラディカル・デモクラシーである"との構想5に従うならば，少なくとも現代デモクラシー理論の重要な課題は，アイデンティティは「他者」あってこそ成立すること，そして，境界線の内部は単一的・固定的でなく，複数で可変的であること，この一見して自明のはずの事実を深刻に受けとめる理論を鍛え上げていくことと言えようか。さて，特に1990年代以降，ラディカル・デモクラシー論は大きく二つの方向に分岐しつつあるという指摘がなされている。すなわち，政治における対立や抗争を強調する「闘技（アゴニスティック）」モデルと，理性的な討論や審議を通じての合意形成を重視する「熟議（デリバレイティブ）」モデルである6。これら二つのデモクラシー・モデルは，それぞれ差異やアイデンティティの問題を，どのように扱っているのであろうか。「闘技デモクラシー」対「熟議デモクラシー」といった二分法的対置がなされ，両者は共約不可能であるとの認識もないではない。しかし，こと「包摂／排除」というテーマの中で考えた場合，実は両者は，アイデンティティは「他者」あってこそ成立するという論理において接点を持ちうるのではなかろうか。

「闘技」モデルの代表者としてよく知られているのは，「闘技的多元主義（アゴニスティック・プルーラリズム）」を提唱するシャンタル・ムフやウィリアム・コノリーであろう7。本稿では特に，ムフを検討の対象にする。なぜなら彼女が「熟議デモクラシー」を批判し，それに対置すべきものとして自らの「闘技」モデルを果敢に主張しているからである。それに対して，「熟議」モデルを特定の理論家に代表させることは必ずしも容易ではない。一口に「熟議デモクラシー」論者と言っても，各人の問題関心や拠って立つ背景によって，その議論の中身や仕方は極めて多様だからである8。だが，「包摂／排除」を考える場合に，あえてここで取り上げたいのはアイリス・ヤングである。それは筆者が，彼女は「闘技」モデル対「熟議」モデルという図式を乗り越えうる位置にいると考えるためである。ヤングの「差異の政治」の議論を念頭に置けば，彼女はコノリーなどと同じタイプの理論家としてカテゴライズされよう9。しかし，1990年代後半以降のヤングの諸論考を見れば，彼女が「熟議デモクラシー」を高く評価している事実もまた明らかである10。本稿は主に，差異とアイデンティティをめぐるムフとヤングのデモクラシー理論を検討しつつ，「闘技」モデルと「熟議」モデルが接する地点で「同質性を強いない共通世界」「社会の分断化につながらない多元性」の理論的可能性を探る，

一試論である。

2 デモクラシーの「闘技」モデル——シャンタル・ムフ

まず、「闘技」モデルを構想するムフの基本的な視点を確認しよう。もとより、限られた紙幅の中で、彼女のラディカル・デモクラシー論の全体像を描き出すことはできない。ここでは本稿の目的に沿って、(1)本質主義（エッセンシャリズム）批判、(2)「政治的なるもの（ザ・ポリティカル）」、(3)「熟議デモクラシー」批判、この三点に絞って彼女の主張を整理してみたい。

(1) 本質主義批判

周知のようにムフはコノリーと共に、アイデンティティを本質主義的に理解することを峻拒している。1980年代にポスト・マルクス主義という立場から、エルネスト・ラクラウと「根元的（ラディカル）かつ多元的（プルーラル）な民主政治（デモクラティック・ポリティクス）」を構想したムフは、マルクス主義の「階級（クラス）」アイデンティティを相対化させるところから議論を開始した。彼女は、狭義の階級闘争の範疇には含まれない多種多様な「新しい社会運動」の登場を重視し、さまざまな社会関係の中で差別・抑圧を被っている人々・集団が、自らの解放や社会における承認を求めて多次元において展開する闘争を、総体として「ラディカル・デモクラシー」のプロジェクトと捉えた[11]。しかし同時に、「新しい社会運動」の典型とされるフェミニズムに対しても、ムフは批判的である。彼女によれば、少なくないフェミニストが、「女性としての女性（ウィメン・アズ・ウィメン）」という同質性とそれに基づく連帯なくしてフェミニズムの運動は成立しない、と考える。だがムフにとっては、家父長制的な政治社会が女性を私的領域に閉じ込めてきたとするフェミニズムの主張には賛同できるものの、それらが先天的で固定的な「女性」アイデンティティを前提にするなら、やはり拒否されるべき本質主義を伴っていることになる[12]。彼女は、社会主義にしてもフェミニズムにしても、広範な「ラディカル・デモクラシー」の一部分なり一側面として自らを位置づけなければならないというのである[13]。

ムフの本質主義批判において重要なのは、「主体位置（サブジェクト・ポジションズ）」および「構成的外部（コンスティテューティヴ・アウトサイド）」の考え方であろう。すべての社会的行為主体のアイデンティティ（自分は何者か、自分はどの集団に帰属するか）は、必然的な関係のない多種多様な言説によって構成された「主体位置」の集合であ

って，アイデンティティはいくつかの「主体位置」が偶然的・一時的に固定化されたものに過ぎない。社会的行為主体は，合理的で透明な，統一的で単一の存在などではありえず，本質的なアイデンティティを有するわけではない。ゆえにラディカル・デモクラシーの課題は，いかなる言説的ヘゲモニーがどのような従属関係を生み出しているかをその都度同定し，従属的な位置に置かれた主体位置（およびそれを構成する言説）を絶えず破壊し組み換えることでなければならない[14]。その意味でムフにとっては，アイデンティティの固定化ではなく，逆にアイデンティティの相対化と解体こそが，ラディカル・デモクラシーの「出発点」でなければならないことになる。また，あらゆるアイデンティティは，「他者」を決定し，「他者」を排除することを通じて形成される。つまり，自らのアイデンティティを成り立たしめるものこそ，外部に排除された他者たる「構成的外部」（J. デリダ）であり，差異や異質性こそアイデンティティ形成の前提条件である[15]。ゆえに，誰が「われわれ」で誰が「他者」かをめぐる境界線は，非固定的であり可変的であること，およびそうした境界線を引くこと自体に必然的に権力性・暴力性が伴うことを，十分に自覚することがムフにとって決定的に重要とされるのである。

(2) 「政治的なるもの」——カール・シュミット

今述べた「構成的外部」は，ムフがカール・シュミットの「政治的なるもの」の概念に着目することに連動している。ムフの「闘技的多元主義」の構想は，上述のような本質主義批判を前提にして，シュミットの言う「友／敵」関係に依拠したものである。もとより，ムフがシュミットを重視するのは，彼女がリベラリズムそれ自体を拒絶するからではない。そうではなく，シュミットが指摘したリベラル・デモクラシーの無視しえない諸問題を，ムフが深刻に受け止め，しかも「友／敵」関係をリベラル・デモクラシーの否定ではなく強化・活性化のために組み換えようと意図しているからである[16]。

ムフが危惧するのは，一方では，西側の「勝利」により，「歴史の終焉」のみならずグローバル化の加速の中で「政治の終焉」までが語られ，他方では，おびただしい民族紛争や内戦といったポスト冷戦期の混沌とした現実を，リベラル・デモクラシーが適切に捉ええなかったことである。ムフ

の目からすれば,リベラル・デモクラシーと言えども民主的な「政治」であることには変わりがなく,政治という営みには不可避的に,対立や抗争,決定不可能性が伴う。にもかかわらず,合理主義的・普遍主義的・個人主義的な前提を持つリベラル・デモクラシーは,共産主義の崩壊により,もはや敵対的なものを考える必要がないかのような幻想を抱いてしまった。ゆえにリベラリズムは,民族浄化のような予期せぬ事態に直面しても,やがて普遍的なリベラル・デモクラシーの方向に進んでいくだろうといった不用意な想定をしてしまい,対立や抗争といった「政治的なるもの（ザ・ポリティカル）」が消去不可能であることを把握し損ねた,というのである[17]。

　常に敵対的な「他者」が存在し,しかもその敵対性や抗争性がどのような形で,誰と誰の間で現われるか分からない——このような意味での「政治的なるもの」が消え去ることはありえない。政治において最終解決が不可能であることを直視しないことこそ,かえってリベラル・デモクラシーを危機に陥れる。このように認識するムフは,リベラリズムとデモクラシーが別々の起源を持つことを鋭く指摘するシュミット流の「友／敵」関係を重視する。シュミットの場合,デモクラシーの原理は同質性にあった。それに対して,同質性を拒否し,デモクラシーの多元主義的な「闘技」モデルを構想するムフは,シュミットの「敵（enemy）」概念を「対抗者（adversary）」へと読み換える。すなわち,異質な他者を,破壊し殲滅すべき相手としてではなく,あくまで友好的（フレンドリー）な競争相手と見なす。この「対抗者」概念の導入によって,リベラル・デモクラシーにおいても対立関係や抗争性といった「政治的なるもの」を否定することなく,むしろ反対者（オポーネント）の存在を,「ゲームのルール」を共有する相手として寛容に遇する道が開かれる。この,「敵」の「対抗者」への読み換えこそが,ムフの「闘技デモクラシー」の中核にある考え方である[18]。

(3) 「熟議デモクラシー」批判

　以上のような「闘技的多元主義」の立場に立つムフは,近年,自らのデモクラシー・モデルを「熟議」モデルと対置すべきものとして構想している。彼女は,「熟議デモクラシー」論の知的源泉となっている論者をジョン・ロールズおよびユルゲン・ハーバーマスと定め,各々の議論の相違に注意しつつも,両者には共通の問題点があり自身の「闘技」モデルとは相容

れないものとして，厳しい批判を加えている。ムフによる双方への批判は，「闘技的多元主義」のあり方を明確に示すという目的のために，いささか乱暴な形でなされているふしがある19。かなり手の込んだ議論に見えるムフの「熟議デモクラシー」批判だが，しかしその主論点は意外なほど明快とも言える。つまり，「熟議デモクラシー」は合理的な合意形成によって「政治的なるもの」を消滅させることができるという誤った構想を抱いている，という点。および，「熟議デモクラシー」は対立や抗争といった多元性を，公的領域から排除して私的領域に閉じ込めようとしている，という点である。

　周知のようにロールズは，「善き生」に関する概念は多元的であり，道徳的・宗教的・哲学的な一致は自由主義社会にはありえないことを認識しつつ，なおかつ自由で平等な市民からなる安定的で公正な社会を構想して「政治的自由主義」を提唱した。そこでは，何が「善」であるかについての包括的な概念とは区別され，しかもすべての市民にとって理にかない(リーズナブル)，合理的(ラショナル)なものとして受け容れられるような，「重なり合う合意」が追求される。この「重なり合う合意」は，単に自己利益（各人の「善」）に基づいた暫定協定に過ぎないものではなく，すべての市民の「自由な公共理性(パブリック・リーズン)」による支持を得られるべき道徳的特質を持ったものとされる。ムフが問題にするのは，ロールズが，公的領域においては，「善」に関する論争的な教説を放逐することで一定の合意が可能であると考え，しかも一度そうした合意が確立するならば，その秩序（リベラルな立憲体制）に対する異議申し立ては「理にかなっていない」——なぜなら，その秩序はすでに公正の諸原理を体現しているはずだから——と見なしている点である20。すべての人々によって受け容れられる中立的な政治原理を標榜するロールズの「政治的自由主義」は，彼女にとっては，中立の名において一切の多元性や抗争性を消し去った「政治なき政治哲学」でしかない21。

　他方，その「コミュニケーション的理性」概念および「討議理論」によって，「熟議デモクラシー」論に大きな影響力を持つハーバーマスの場合はどうか。これも周知のことだが，彼にとって，討議のプロセスによって理にかなった帰結が保証されるためには，理想的ディスクルスの条件が探究されなければならない。その条件とは，不偏不党性，平等性，公開性，非強制性であり，これらの条件のもとであれば，すべての参加者に合意され

うるであろう一般化可能な利益について討議が可能となり，その末に出された結論には正統性があるということになる。ここでもまたムフの批判は，ハーバーマスの中立的な手続き主義的アプローチに向けられる。すなわち討議は，道徳的不偏不党性を保証する手続きに従ってなされなければならないとされる。そのためハーバーマスは，各人の多様な「善き生」に関わる「倫理」と，合理的で手続き主義的な「道徳」を区別し，もっぱら後者の問題として「熟議デモクラシー」を考える。それは，形は異なれどもやはりロールズと同様に，相互に競合する価値については「倫理」の問題として私的領域に閉じ込め（裏返せば，公的領域においては多元性を否定して），達成不可能な「排除なき合意」を構想することになる。ムフにとってハーバーマスは，合理的な政治的決定を可能にするためには，価値の多元性から政治が防御されなければならないと考えている点で問題である。なぜなら，彼はやはり政治の抗争性や決定不可能性を看過しているから，というわけである[22]。

3 「差異」と「コミュニケーション」のデモクラシー
― アイリス・ヤング

次に，ヤングのデモクラシー理論へと目を移そう。彼女は，一方では「差異の政治」を論じながらも，差異やアイデンティティを固定的なものと見なすことは否定しており，他方ではデモクラシーの「熟議」モデルを高く評価しつつも，大方の「熟議デモクラシー」論者に対しては少なくない批判を加えている。そして，差異や異質性（ヘテロジニァティ）を重視するヤングは，ハーバーマスの影響のもとに，熟議というよりもむしろ，異質な者同士のあいだのコミュニケーションや連帯の可能性を追求したと言ってよい。ここでは，(1)ヤングによる集団的差異の考え方，および(2)彼女が考える差異とコミュニケーションの関係性について，可能な限り検討を加えてみたい。

(1) 集団的差異

ヤングが「差異の政治」の理論家と目されるのは，リベラル・デモクラシーにおける構造的不正義である「支配」（ドミネーション）と「抑圧」（オプレッション）を抉り出し，経済的格差に挑戦する左派的な階級政治（クラス・ポリティクス）や社会民主主義的な再配分のみならず，不正義をこうむっている多様な集団の代表＝表象を重視し，そう

した諸集団が公的な意思決定に参加し包摂される方途を構想したからであろう。その意味では，ヤングは参加デモクラシー論にコミットしていたと言える23。後に述べるように，シュンペーター的デモクラシー論たる「利益集団多元主義」を彼女が批判するのは，それが，ゲームの参加者が持つ選　好(プリファレンス)を他者に左右されない所与のものと想定するために，結果的に強者がしばしば不当に勝つからであり，また公的領域における政策決定が利益集団間の私的取引と化してしまうからである24。

このような視点は，ベンジャミン・バーバーのような共和主義的関心を持つ参加デモクラシー論者とも親近性がある。しかしヤングは，市民的共和主義の普遍主義的シティズンシップ概念では，「普遍性」が「一 般 性(ジェネラリティ)」と想定されてしまうことを批判する。集団の差異は，普遍性や公 平 性(インパーシャリティ)の名において，公的領域においては承認されてこなかった。ゆえにヤングは，「公的領域＝普遍的（同質的）世界」／「私的領域＝個別的世界」という二分法に対するフェミニズム的批判をベースにしつつ，普遍性を僭称する「白人・男性・健常者・異性愛者」という（実は極めて個別主義的な）基準に対して，女性，エスニック・マイノリティ，障害者，同性愛者といった集団的差異を強調する。そして，公的領域を，同質性を前提として異質な他者を排除ないし抑圧する領域ではなく，異質性をもった者同士が構成する共通の領域として再構成するため，彼女が提唱したのが「異質性を帯びた公衆(ヘテロジニアス・パブリック)」という概念であった。「新しい社会運動」に自らも少なからずコミットした彼女は，公的領域において差異を積極的に承認し，従来その異質性ゆえに「支配」「抑圧」といった社会的不正義を被ってきた集団に対して，集団代表権を付与したり，積極的差別是正措置(アファーマティヴ・アクション)など差異に配慮した特別な処遇をすることを支持したのである25。

ヤングによるこのような集団的差異の強調に対しては，本質主義的であるとの批判がなされている。こうした批判の代表例は，先のムフである。ムフは，被抑圧者の解放という「新しい社会運動」それ自体には共感を示しつつも，集団ごとに代表権を与えるというヤングの構想は本質主義的な集団観念を伴っていると指摘し，彼女が批判する「利益集団多元主義」と実はさほど変わらない，と手厳しい26。だが，ここで確認しなければならないのは，ヤング自身は社会集団が実体的・本質的なアイデンティティをもたないと考えていることである。集団のアイデンティティは，人々の離

合集散という社会的過程で，他者との関係性の中で流動・生成するものである。しかも，現代社会においてはほとんどの人々は複数の集団的アイデンティティを持つのであり，アイデンティティ間の境界線も明確で固定的なものとは限らない[27]。このようなヤングの認識は，ムフの言う「主体位置」と実質的にほとんど異なるまい。現実社会の中で抑圧を被ってきた集団の差異に配慮した具体的政策を考案することと，集団的アイデンティティを本質主義的に理解することとは，別のことである。ヤングの「差異の政治」の構想が，リベラリズムの持つ普遍主義的傾向性——現に存在する差異を抑圧し，排除を不可視化してしまう——への批判から始まっている点では，ムフと共通である，というジョン・ドライゼックの指摘が穏当であろう[28]。

(2) 差異とコミュニケーション

　以上のように，本質主義を拒否しつつ差異を重視するヤングは，差異を固定的・絶対的・排他的なものとは見なさず，むしろ異質な者同士のコミュニケーションの可能性を探ろうとする。その点でヤングには，ムフが「政治的なるもの」を看過しているとして厳しく批判するハーバーマスの影響が大きい。しかしながら同時に，ヤングは多くの「熟議デモクラシー」論には満足していない。そして，「コミュニケーション的デモクラシー」とも呼ぶべきものを提唱するのである[29]。

　ヤングは，「利益集団多元主義」的なデモクラシー——デモクラシーの「利益集積(アグレゲイティブ)」モデル——に対して，「熟議」モデルの優位性を主張している。「利益集積」モデルの場合，個人あるいは団体の利害(インタレスト)や選好(プリファレンス)は基本的に所与であり不動のものと考えられている。個人や団体は，自己の利益を最大限にすべく，目的合理的に思考・行動するのであり，他者との討議によって自身の選好が変わることはない。ゆえに，相互に説得し合い調整し合うことがありえない以上，意思決定は多数決による他はない。このような，個人主義的・主観主義的なデモクラシー・モデルは，ヤングにとって問題である。なぜなら，このモデルではデモクラシーは，もっとも広範かつ強力に支持される選好と対応する政治的指導者・ルール・政策を，単に投票によって選び出すプロセスに縮減されてしまう。そして，選好を共有しない人々が，結果的に少数派だったという理由だけでなぜ決定に従わな

ければならないのか，その根拠を示すことができないからである[30]。

それに対して，「熟議」モデルは，利益や選好よりも「理由(リーズン)」を重視する。すなわち，ある意見を何人の人々が支持したかではなく，その意見がいかなる根拠に基づいているかが重要なのである。ヤングはハーバーマスに依拠しつつ，デモクラシーが正義にかなったものであるためには，次の四つの条件を満たす必要があるとする。すなわち，(1)決定によって影響を被る人々を意思決定プロセスに含める「包摂(インクルージョン)」，(2)包摂された人々が自由かつ対等に発言できる「政治的平等(ポリティカル・イクォリティ)」，(3)自分への反対意見にもまずは耳を傾け，場合によっては自身の意見の変更も受け容れる「理にかなった態度(リーズナブルネス)」，そして(4)討議・熟議の過程が第三者によっても見聞きされうる「公開性(パブリシティ)」である[31]。特にここでは，「理にかなった態度」の重要性を指摘しておきたい。「利益集積」モデルが各人の選好を不動のものと考えるのに対して，ヤングは他者とのコミュニケーションを通じて，自己の側——利益であれアイデンティティであれ——の可変性を前提にしているからである[32]。

しばしば「熟議デモクラシー」論者は，熟議が可能になるためには一定の共通善(コモン・グッド)ないし公共性(コモンネス)があらかじめ存在しなければならない，と考える。あるいはまた，政治的対話(ダイアローグ)の帰結として，参加者の個別性を超越した「全体への善」が達成されなければならない，とされる。だがヤングは，こうした「同一性(ユニティ)」を指向する「熟議デモクラシー」論には批判的である。なぜならそれは，アイデンティティや文化などの差異（およびそれに基づく異なった経験や利益）を，公的言説から排除することで，熟議のアジェンダを著しく狭めてしまうからである。現実の大規模社会(マス・ソサエティ)においては，あらゆる政治的単位が多元的・多文化的であり，安易に共通性を前提にすることはできない。にもかかわらず，個別性をもっぱら私的領域に閉じ込め，共通善や一般的利益に関する合意を追求するような「熟議デモクラシー」は，社会的不正義が現実に存在する状況下では，異質な他者を排除する手段にさえなりうる[33]。むしろヤングが主張するのは，「差異」こそ熟議やコミュニケーションの前提条件であり源泉だということである[34]。熟議のためにいかに理想的な条件を整えようと，実際に意味のある対話において通常は，多様な差異ゆえに生じる対立(コンフリクト)や不一致(ディスアグリーメント)の方が合意よりも多い。公的領域においてあたかも対立や不一致がないかのように装うよりも，対立や不一致を直視し，合意もあくまで一時的・部分的なものでしかないこ

とを認めることの方が，異質な他者の相互理解のためには重要である。このように考えるヤングにとって，政治的コミュニケーションの実際のありようは，合意よりも「闘争(ストラグル)」である[35]。

さらにヤングは，自らの「コミュニケーション的デモクラシー」の観点から，「熟議(デリバレーション)」のあり方それ自体にも批判の矢を放つ。つまり「熟議」モデルは，政治的討論のあり方や問題となっているイシューに関する枠組みについて，参加者があらかじめ理解を共有していると想定しがちなため，そうした理解の下では表現されえない諸問題がはじめから議論の対象外に排除されかねない。また，「熟議」においては通常，理路整然と明晰に語ること，あるいはフォーマルで一般的な語り口を要求されるが，そのような表現モードは高等教育を受けた者に限定されがちであり[36]，「熟議」に参加できる人々を事実上制限することにつながる。さらに，「熟議」はしばしば，感情を抑えた客観的な発話を特権化するため，怒りや苦痛などを露わにしたり，身振り手振りで感情を表現することは「市民的(シヴィル)」でないとされる。しかしそれは，白人・中流階級男性の文化のステレオタイプ的な「市民性(シヴィリティ)」観念に基づく見方に過ぎず，民主的なコミュニケーションを考える場合には，理性と感情が対立するものという考えは放棄されなければならない[37]。そしてヤングは，合理的な議論の形式が従来考慮しなかった，挨拶(グリーティング)，レトリック，物語り(ストーリィテリング)などが，政治的コミュニケーションにおいて軽視できない役割を果たすことを指摘するのである[38]。

4　対立の持つ創造性と自己変容

「政治」概念に，合意論と対立論とがある[39]ならば，ムフのような「闘技的多元主義」は後者の立場から「熟議デモクラシー」を前者と同定し，それに挑戦しようとしているように見える。だが，「熟議デモクラシー」論のあり方を批判しつつもやはりそのモデルを高く評価するヤングの議論と比較した場合，「闘技か熟議か」といった二者択一に還元されない種々の理論的可能性の地平が浮かび上がってくるのではなかろうか。いささか駆け足になるが，何点か指摘しておきたい。

まず，アイデンティティの成立には異質な「他者」が必要である，という点は，ムフもヤングも共通認識を持つと考えられる。双方とも，「われわれ」と「他者」というアイデンティティは自己完結的なものではなく，あ

くまでも誰を「他者」とするか,いかなる境界線を引くか,という関係性の中で決まる可変的なものと考えている。もちろん,境界線を引くということ自体に,排除と一定の暴力性が伴うことは事実であろう。だが,アイデンティティを非本質主義的に捉えることは,「構成的外部」の変動に応じて「われわれ」も変わりうるものと認めることを要請する。ここからは,「異質な他者の存在を認めない」という論理に対して,むしろ「他者が存在しなければ自己もありえない」との論理が導き出せよう[40]。「包摂／排除」の問題を考える際に,このことを十分に考慮するのであれば,排除の非固定性と「われわれ」の可変性を前提に,同化（＝「他者」の否定）を強いない包摂や結びつきのあり方を構想することも可能になるのではないか。

「他者」を否定しない包摂,と言った場合,異質な者同士に自動的に調和や平和共存がもたらされるわけではない。むしろ相互の差異ゆえに,「他者」のあいだには必ず対立や抗争がつきまとう。だが,ラディカル・デモクラシーのプロジェクトは,あくまで近代デモクラシーの原理である「自由」と「平等」を（両者の緊張関係を認識しつつ）前提にしている。この両者はいまだに実現していない,果たされていない約束なのだから,さらなる民主化闘争が必要だというのである。ただし,「自由」と「平等」はいかようにも解釈しうる。ゆえに,特定の言説的ヘゲモニーによる解釈に過ぎないものを異論なく受け容れてしまうことの危険性を常に喚起し,そのヘゲモニーへの多様な対抗軸を鮮明にすることが,政治における最終解決を拒絶する「闘技的多元主義」の一つの意図ではなかろうか[41]。とすれば,あくまで「自由」と「平等」という原理を前提にした「闘技」（対立や抗争）は,実際の営みとしては物理的暴力ではありえまい。対話や（非言語的な感情表現をも含めた広義の）コミュニケーションは,異質な者同士の公的領域における激烈な——ただし非暴力による——対立という形で現われうるのであり,合理的な合意形成にのみ還元できるものではない。事実ヤングは,ムフの「闘技的多元主義」の構想を引用しつつ,民主的な討議過程のノーマルな条件を「闘　争」であると述べている[42]（ムフ自身は,「闘技」を「コミュニケーション」と表現することを拒絶するかもしれないが）。他者なくして自己もなく,しかも語ることが闘いであるとするならば,「対立」もまた「結びつき」の一形態であり,アイデンティティの形成にも変容にも,異質な他者との関わり合いが必要である,という「対立の創造的

局面」が見えてくるのではないか[43]。いかなる深刻な対立に直面しても，物理的暴力に訴えず，対話による打ち合いを放棄しない——端的に言えば，「切り結ぶ」という形の包摂である。

　ムフは，「敵」を「対抗者」に(すなわち，「敵対関係」を友好的な「対抗関係」に)転換する方途については語っていないが，アイデンティティや境界線の可変性を前提にした創造的な対立を考える場合に，重要なポイントとなるのは，「語る」ことよりもむしろ「聴く」ことではなかろうか。ヤングが指摘するように，「理にかなった態度」とは，他者から説得される可能性を否定しないこと，場合によっては自分の主張や立場を変容させることであった。彼女は，例えばヘイト・スピーチのように，相互に聴こうとしない態度（筆者なりに言い直せば，相手を「聴くに値する者」と見なさない態度）を，「非市民的」なものとして拒否している[44]。異質な他者の語りや主張が敵対的（あるいは理解不能）だからコミュニケーションは不可，とするのでなく，異質だからこそ「まずは耳を傾けよう」という態度に出られるかどうか。「聴く」ことそれ自体の中に，特定の善の構想や，予定調和的な合意形成（まして，相手への一方的な譲歩・同調など）は含意されていない。また，「聴く」という態度が，「特殊欧米的」あるいは「白人男性的」文化の産物と断定するに足る根拠も見当たらないし，高等教育を受けた者にのみ可能な能力というわけでもあるまい。「聴く」ということは，差異を持つ者同士が「切り結ぶ」という形での包摂を構想する場合の「文法」の問題であり，この文法を尊重することが，今日要請される「市民的であること」の内実ではなかろうか[45]。ムフの言う「対抗者」が，あくまでゲームのルールを共有する「友好的」な存在であるならば，そのルールの前提として，「まずは耳を傾ける」という，理性的な合意や共通善を必ずしも与件としない文法が要請されよう。この文法こそ，ムフがマイケル・オークショットの言う「ソキエタス」をシュミット的に再構成しようとする，市民性の慣行としての「レス・プブリカ」[46]のあり方とも考えられるからである。

　　［付記］　本稿は，平成18年度日本大学国際関係研究所・研究費（個人研究）
　　「現代デモクラシー理論におけるフェミニズムの影響に関する研究」の研究
　　成果の一部である。本稿の構想と執筆にあたり，土井美徳氏（創価大学准

教授)，北村浩氏(政治経済研究所主任研究員)，五野井郁夫氏(日本学術振興会特別研究員)，および匿名レフェリーの方々より，種々の貴重なご教示・ご示唆をいただいた。感謝申し上げたい。

(1) ハヴェル，ヴァーツラフ，「地球を読む——多彩な文化の共存」，『読売新聞』(朝刊) 1997年1月27日付け，2面。
(2) 以下を参照。加藤節「思想の言葉——政治学への挑戦＊『民族紛争』からの問い」『思想』839号，1994年5月号。姜尚中ほか『思考をひらく——分断される世界のなかで』岩波書店，2002年。山崎望「『後期近代』における政治の変容——自由民主主義の危機と可能性」『思想』946号，2003年2月号。Keane, John, *Violence and Democracy*, Cambridge: Cambridge University Press, 2004. Touraine, Alain, *Can We Live Together?: Equality and Difference*, translated by D. Macey, Cambridge: Polity Press, 2000.
(3) Cf., Baumeister, Andrea T., *Liberalism and the 'Politics of Difference'*, Edinburgh: Edinburgh University Press, 2000. Elshtain, Jean Bethke, *Democracy on Trial*, New York: Basic Books, 1995(河合秀和訳『裁かれる民主主義』岩波書店，1997年). Kenny, Michael, *The Politics of Identity: Liberal Political Theory and the Dilemmas of Difference*, Cambridge: Polity Press, 2004(藤原孝ほか訳『アイデンティティの政治学』日本経済評論社，2005年)。なお，「普遍性」と「同質性」の関係，「個別性」「異質性」および「多元性」の関係，といった困難な問題には，さしあたりここでは立ち入らないことにする。
(4) 杉田敦「政治」福田有広ほか編『デモクラシーの政治学』所収，東京大学出版会，2002年，101-108頁。また以下も参照。杉田敦『境界線の政治学』岩波書店，2005年。なお，政治・社会集団を規定する境界線が，アイデンティティに基づくのか(しかもそれが，選択しうるものか否か)，それとも利益に基づくのか，等によって本来は区別された議論が必要となろうが，ここでは紙幅の限界もありその点を掘り下げることはできない。
(5) 千葉眞『ラディカル・デモクラシーの地平——自由・差異・共通善』新評論，1995年。
(6) 田村哲樹「現代民主主義理論における分岐とその後——制御概念のアクチュアリティ」(一〜三) 名古屋大学『法政論集』185号，187号，188号，2000-2001年。向山恭一「ラディカル・デモクラシー——『政治的なもの』の倫理化に向けて」有賀誠ほか編『ポスト・リベラリズム——社会的規範理論への招待』所収，ナカニシヤ出版，2000年。なお本稿では，未だ訳語の定着していない「deliberation」および「deliberative」に，「熟議」を当てることとする。
(7) なお，「狭義の」ラディカル・デモクラシーと言った場合，ムフやコ

ノリーのような思想を指すという理解が散見されるが,そのような理解が一般的に共有されたものであるかどうかは不明である。「ラディカル・デモクラシー」の名で語られたものが何であったのか,その言説の整理はいずれ改めてなされる必要があろう。

(8) 例えば,リベラル立憲体制や司法の場における熟議(およびそれを可能にさせる制度)を重視する論者と,自発的市民のアソシエーションにおける活発な公的議論の方途を探ろうとする論者,さらに国境を越えた次元での熟議を構想する論者とでは,同じ「熟議デモクラシー」でも語る内容には無視しえない相違があろう。以下を参照。Gutmann, Amy and Thompson, Dennis, *Why Deliberative Democracy?*, Princeton: Princeton University Press, 2004. Honig, Bonnie, "Between Decision and Deliberation: Political Paradox in Democratic Theory", *American Political Science Review*, Vol. 101, No. 1, 2007. Talisse, Robert B., *Democracy after Liberalism: Pragmatism and Deliberative Politics*, New York: Routledge, 2005. 篠原一『市民の政治学——討議デモクラシーとは何か』岩波新書,2004年。またデヴィッド・ヘルドは,現時点での「熟議デモクラシー」は決して確立された理論ではなく,それゆえ文字通りさらなる「熟議」を必要とするものである,と指摘している。Held, David, *Models of Democracy*, third edition, Cambridge: Polity Press, 2006, Chapter 0.

(9) Kenny, *op. cit.*, Chapter 7 (前掲邦訳,7章)。菊池理夫『現代のコミュニタリアニズムと「第三の道」』風行社,2004年,50-52頁。以下も参照。川本隆史『現代倫理学の冒険——社会理論のネットワーキングへ』創文社,1995年,75-76頁。またジョン・ドライゼックは,「差異のデモクラシー(difference democracy)」論者というくくりの中に,コノリーやムフらとともにヤングをも含めている。Dryzek, John S., *Deliberative Democracy and Beyond: Liberals, Critics, Contestation*, Oxford: Oxford University Press, 2000, Chapter 3.

(10) もっとも,後に本文で述べるように,ヤングは「熟議デモクラシー」にかなりの批判・修正を加えており,むしろ自身の立場を「コミュニケーション的デモクラシー」と呼んでいる。Cf., Benhabib, Seyla, "Toward a Deliberative Model of Democratic Legitimacy", in S. Benhabib ed., *Democracy and Difference: Contesting the Boundaries of the Political*, Princeton: Princeton University Press, 1996.

(11) Laclau, Ernesto and Mouffe, Chantal, *Hegemony and Socialist Strategy: Towards a Radical Democratic Politics*, London: Verso, 1985(山崎カヲルほか訳『ポスト・マルクス主義と政治——根源的民主主義のために』[復刻新版]大村書店,2000年).

(12) 例えば，男性中心的に構成されているリベラルな個人主義に対して「母性的思考」を強調したり（セアラ・ラディックやジーン・エルシュテイン），男性の「普遍性」僭称に対して女性性を考慮した「性的に差異化されたシティズンシップ」を提唱すること（キャロル・ペイトマン）は，ここでは本質主義の例として批判の対象とされる。Mouffe Chantal, *The Return of the Political*, London: Verso, 1993, pp. 78-89（千葉眞ほか訳『政治的なるものの再興』日本経済評論社，1998年，159-176頁）。このようなムフの立場は，ジュディス・バトラーに近いものと理解できよう。

(13) ムフはポスト冷戦期にあっても，社会主義それ自体が持つ「さらなる民主化」への貢献の可能性を否定しておらず，むしろC.B.マクファーソンやノルベルト・ボッビオらに示唆されつつ，経済的リベラリズムと政治的リベラリズムを切り離して，後者と両立する社会主義（自由主義的社会主義）を練り上げる重要性を指摘している。*Ibid*., Chapter 6（前掲邦訳，6章）。以下の拙稿も参照。「ラディカル・デモクラシーと左派政治理論――社会主義とデモクラシーの結びつきについて」『八戸大学紀要』17号，1998年。こうしたムフの立場は，その「第三の道」批判にも見て取ることができるが，ここでその問題に触れる余裕はない。Cf., Mouffe, Chantal, *The Democratic Paradox*, London: Verso, 2000, Chapter 5（葛西弘隆訳『民主主義の逆説』以文社，2006年，5章）。

(14) Mouffe, *The Return of the Political*, pp. 76-78（前掲邦訳，156-157頁）。

(15) *Ibid*., pp. 2-3（前掲邦訳，4-5頁）。この「構成的外部」の詳細については，以下を参照。箭内任「政治的言説における『他者』――シャンタル・ムフの『構成的外部』の位置づけを巡って」政治思想学会編『政治思想研究』3号，2003年。

(16) Cf., Mouffe, Chantal ed., *The Challenge of Carl Schmitt*, London: Verso, 1999（古賀敬太ほか編訳『カール・シュミットの挑戦』風行社，2006年）; Mouffe, *The Democratic Paradox*, Chapter 2（前掲邦訳，2章）。

(17) Mouffe, "Introduction" in *The Return of the Political*（前掲邦訳，序論）。なお，「政治の終焉」論に対する同様の問題意識を共有するとしても，「政治的なるもの」をシュミット的にのみ理解することの是非については，また別の議論が必要となろう。Cf., Gamble, Andrew, *Politics and Fate*, Cambridge: Polity Press, 2000, pp. 1-18（内山秀夫訳『政治が終わるとき？――グローバル化と国民国家の運命』新曜社，2002年，1-25頁）。

(18) Mouffe, *The Return of the Political*, p. 4（前掲邦訳，8頁）; Mouffe, *The Democratic Paradox*, pp. 13-14（前掲邦訳，22頁）。

(19) ムフによれば，ロールズもハーバーマスも，緊張関係をはらんだリベラリズムとデモクラシーを，異なる方法で（ロールズの場合は前者を，ハ

ーバーマスの場合は後者を特権化することで）強固に結び付けようとしている。Mouffe, *The Democratic Paradox*, p. 84（前掲邦訳，130-131頁）．なお本稿では，彼女によるロールズ批判およびハーバーマス批判の妥当性如何，といった点については問わない。

(20) Mouffe, *The Democratic Paradox*, pp. 22-30（前掲邦訳，37-46頁）．
(21) *Ibid.*, pp. 30-31, pp. 85-86（前掲邦訳，49-50頁，134頁）；Mouffe, *The Return of the Political*, Chapter 3（前掲邦訳，3章）．
(22) Mouffe, *The Democratic Paradox.*, pp. 88-92（前掲邦訳，132-143頁）．
(23) Cf., Fletcher, Don, "Iris Marion Young: The Politics of Difference, Justice and Democracy" in A. Carter and G. Stokes eds., *Liberal Democracy and its Critics*, Cambridge: Polity Press, 1998.
(24) Young, Iris Marion, "Polity and Group Difference: A Critique of the Ideal of Universal Citizenship", *Ethics*, Vol. 99, No. 2, 1989, pp. 251-252（施光恒訳「政治体と集団の差異——普遍的シティズンシップの理念に対する批判」『思想』867号，1996年9月号，101頁）；Young, Iris Marion, *Justice and the Politics of Difference*, Princeton: Princeton University Press, 1990, pp. 91-93.
(25) Young, "Polity and Group Difference", pp. 256-258, pp. 264-274（前掲邦訳，104-107頁，114-124頁）；Young, *Justice and the Politics of Difference*, pp. 101-103, p. 156, p. 166, pp. 173-174, pp. 189-191. Cf., Baumeister, *op. cit.*, pp. 24-26; Fletcher, *op. cit.*, p. 197. 以下の拙稿も参照。「フェミニズム政治理論の一考察——二分法的思考への挑戦」日本大学大学院国際関係研究科『大学院論集』5号，1995年。
(26) Mouffe, *The Return of the Political*, pp. 85-86（前掲邦訳，171-172頁）．Cf., Fletcher, *op. cit.*, pp. 207-208. 千葉，前掲書，139頁。
(27) Young, "Polity and Group Difference", pp. 260-261（前掲邦訳，109-110頁）．
(28) ドライゼックはまた，ヤングは「アイデンティティ」に本質主義的な含意があることを意識しており，「差異」については語るが「アイデンティティ」という言葉をあまり使わない，との指摘をしている。Dryzek, *op. cit.*, pp. 61-62.
(29) Young, Iris Marion, "Communication and the Other: Beyond Deliberative Democracy", in Benhabib ed., *op. cit.*
(30) Young, *Inclusion and Democracy*, Oxford: Oxford University Press, 2000, pp. 19-21; Young, "Communication and the Other", pp. 120-121.
(31) Young, *Inclusion and Democracy*, pp. 21-25.
(32) *Ibid.*, p. 26.
(33) *Ibid.*, pp. 40-44; Cf. Young, "Communication and the Other", pp. 125-126.

(34) Cf., Young, Iris Marion, "Together in Difference: Transforming the Logic of Group Political Conflict", in J. Squires ed., *Principled Positions: Postmodernism and the Rediscovery of Value*, London: Lawrence & Wishart, 1993; Young, Iris Marion, "Difference as a Resource of Democratic Communication", in D. Estlund ed., *Democracy*, Oxford: Blackwell, 2002.
(35) Young, *Inclusion and Democracy*, p. 44, p. 50.
(36) 文脈は異なるが，類似の指摘はC．ダグラス・ラミスによってもなされている。つまり，専門用語を使わなければデモクラシー論を語れないとすれば，これほど非民主的なことはない。ラディカルなデモクラシーは，コモンセンスの言葉で語られなければならない，というのである。Lummis, Charles Douglas, *Radical Democracy*, Ithaca: Cornell University Press, 1996, pp. 20-21（加地永都子訳『ラディカル・デモクラシー――可能性の政治学』岩波書店，1998年，38頁）.
(37) Young, *Inclusion and Democracy*, pp. 37-39, pp. 47-49. Cf., Young, "Communication and the Other", pp. 122-125; Cunningham, Frank, *Theories of Democracy: A Critical Introduction*, New York: Routledge, 2002, pp. 181-183（中谷義和ほか訳『民主政の諸理論――政治哲学的考察』御茶の水書房，2004年，270-271頁）.
(38) Young "Communication and the Other", pp. 128-132; Young, *Inclusion and Democracy*, Chapter 2. ヤングはまた，政治的コミュニケーションの重要な形態であるデモンストレーションなどが，「極端」であって市民的でないと見なされることにも，批判的である。*Ibid*., pp. 47-48. マイケル・ウォルツァーが「熟議デモクラシー」に対して投げかける疑問の中にも，類似の視点を見出すことができよう。Walzer, Michael, *Politics and Passion: Toward a More Egalitarian Liberalism*, New Heaven: Yale University Press, 2004, Chapter 5（齋藤純一ほか訳『政治と情念――より平等なリベラリズムへ』風行社，2006年，5章）.
(39) 杉田，前掲「政治」，96-101頁。またムフは，自らの「闘技的多元主義」の立場をより明確にするため，「政治」と「政治的なるもの」を区別することを主張している。Mouffe, *The Democratic Paradox*, p. 101（前掲邦訳，156頁）. なお，こうしたポストモダン的な多元主義の登場により，政治の「統合」面を語ることが著しく困難になったことも事実であろう。以下を参照。早川誠『政治の隘路――多元主義の20世紀』創文社，2001年。
(40) コノリーの「闘技的多元主義」にも同様の含意があることについては，杉田敦『権力の系譜学――フーコー以後の政治理論に向けて』岩波書店，1998年，192頁。
(41) これこそムフが，"対立や対抗者のない政治こそ理想のデモクラシー"

とは考えない所以であろう。Cf., Mouffe, *The Democratic Paradox*, Chapter 5（前掲邦訳，5章）．

(42) Young, *Inclusion and Democracy*, pp. 49-50. また篠原一氏は，新たな造語による混乱を避けようと躊躇しつつも，異論を闘わせることを表現するには「闘議デモクラシー」がふさわしいと指摘しており，ここでの筆者の議論と響きあう。篠原，前掲書，203頁。また，注（37）に既出のフランク・カニンガム『民主政の諸理論』の邦訳書（10章）では，「agonistic」の訳語として「論争的」が当てられているが，極めて示唆的である。

(43) Young, *Inclusion and Democracy*, p. 50. このような構想は，ハンナ・アレント的な「公的空間におけるアゴーンの政治」を想起させるものでもあろう。

(44) *Ibid.*, p. 38, p. 48. この点は，「（広義の）対話拒否」と「暴力」が相即不離であることを示すものでもあろう。以下の拙稿を参照。「現代デモクラシー理論の持続と変容」賀来健輔ほか編著『政治変容のパースペクティブ――ニュー・ポリティクスの政治学Ⅱ』所収，ミネルヴァ書房，2005年。また上野成利氏は，ヴァルター・ベンヤミンの言う「話し合い」としての政治が「闘技」と重なり合うとして，「非対称的な対立関係のなかで生じる齟齬や軋轢を正面から受け止めつつ，時に相手のほうへと自分を寄り添わせながら，『紛争の非暴力的な調停』の可能性」を探る重要性を指摘している。上野成利『暴力』岩波書店，2006年，116-117頁。この指摘は，「闘技」とここで言う「理にかなった態度」との関係が親和的たりうることを示唆するものと考えてよいであろう。

(45) 近年では，他者に耳を傾けるという観点からの「熟議デモクラシー」研究も出始めている。Cf., Mutz, Diana C., *Hearing the Other Side: Deliberative versus Participatory Democracy*, Cambridge: Cambridge University Press, 2006. なお，以下の論考から大いに示唆を受けた。向山恭一『対話の倫理――ヘテロトピアの政治に向けて』ナカニシヤ出版，2001年。五野井郁夫「境界線を越えるデモクラシーとその先に見えるもの」『創文』472号，2005年1-2月号。

(46) Mouffe, *The Return of the Political*, pp. 66-73（前掲邦訳，132-147頁）．ムフのこのような，共通善の観念を含まない「ソキエタス」重視の立場を，「擬似共和主義的な構成主義」と表現する論者もいる。Wenman, Mark, "'Agonistic Pluralism' and Three Archetypal Forms of Politics", *Contemporary Political Theory*, Vol. 2, No. 2, 2003, pp. 180-181.

2006年度　書評

日本政治学会書評委員会

政治理論　　　　　　　　　　　　　　＜書評者　越智敏夫＞

　＜同時多発テロ＞からアフガニスタン攻撃，イラク戦争を経て現在にいたるまで，この数年の世界の変化について考えると政治学に意味を見いだすのは難しいようにも思える。ブッシュ政権によるアフガニスタン攻撃を正当化するためにアメリカの「代表的」知識人が発表した文章を読むと，これまで西洋世界の人々が積み上げてきた政治に関する言葉はすべてアフガニスタン人を殺すために利用されているかのようだ。事実と価値，経験と規範，現実と理念といった政治的思考に特有の二分法さえ吹きとばすかのような「アメリカ礼賛」が学問として語られる。

　しかしこういう状況だからこそ「理論」に可能性を見いだす論者もいる。海老坂武『フランツ・ファノン』（みすず書房）はファノンの全体像を明確にしようとした旧著を加筆改訂したものである。だが本書は単なる紹介の書ではない。政治について思考するための方法という，まさに理論の意義が主題となっている。

　ファノンを論じるに際して著者はまず，日本人がファノンを読んだとしても結局は「贋の読者」の読み方でしかないのではないかという問いを自らに向ける。たしかにファノンがおかれている政治的文脈から日本人は遠い存在かもしれない。しかしその日本人であってもファノンの語る政治に感動したとすれば，それは「贋の読者にもなにぶんかの理」があるはずだと著者は述べる。ファノンから日本は無縁の社会に見えたとしても，現在の日本はファノンのメッセージを必要としている可能性があるはずだと指摘される。

　著者はさらに＜同時多発テロ＞後の世界でファノンについて考える意味を問う。アメリカを中心とした強大な暴力システムに対抗する言葉を世界は失っている。この「失語症」に対して私たちは何を語ることができるのだろうか。＜同時多発テロ＞の一報を耳にしたとき，著者は「やった！」

と叫んだことを告白している。その叫びは「暴力論を排除してファノンを語る」知識人たちの言説とは対照的である。たとえば『文化の場所』においてホミ・バーバはファノンのことを「早く生まれすぎたポスト構造主義者」と称しているが，バーバにとってファノンの価値は「自分の論文にいかに使えるか」（傍点，原著者）ということだけだと著者は批判している。

＜同時多発テロ＞後の世界において海老坂が共感しているのはネグリとハートによる＜帝国＞の議論である。＜帝国＞によるグローバル化の進展が必然的に＜帝国＞の崩壊をもたらすというネグリたちの論理は，植民地を拡大しようとするダイナミズムのうちに非植民地化の可能性をファノンが見いだした論理と類似性があるという。しかしファノンの議論の中心で描き出された植民地主義の「具体性」がネグリらには見られない点を批判している。そして著者はこの具体性を失わないことによって失語症を避ける方法を獲得し，そのうえで自らの無力さに立ち向かうための言葉による「抵抗の領域」を模索しようとする。「無力感もシニシズムも，私の頭脳の中に植えつけられた腐敗の芽であるかもしれない」からであり，「失語症を語る前に語るべき言葉があってもよい」からである。

以下，この「抵抗の領域」に結びつくための政治理論を構築していると思われる書籍を三点挙げておきたい。まず**牟田和恵『ジェンダー家族を超えて――近現代の生／性の政治とフェミニズム』**（新曜社）と**上野千鶴子『生き延びるための思想』**（岩波書店）である。この二著においては無力さそのものについて考えるための理論が示されている。牟田は家族を個人が国家に管理されるための仕組みとして描き，同時に男女の「平等」をめざす運動のなかにも国家権力の罠から逃れる難しさを指摘する。さらに弱者を「誰かに依存する者」あるいは「国家が救済すべき者」という概念から引き剥がし，その弱者を弱者そのものとしてとらえ，その意味を見いだす。上野も無力な弱者を「エンパワー」しようとする戦略の問題を指摘する。そこに潜む国家権力の罠を指摘し，それを避けるための知恵が提示されている。

もう一点は**川崎修・杉田敦編『現代政治理論』**（有斐閣）である。一般的に政治理論の入門書は欧米における政治学の「最新」動向を紹介し，それらの道具を使用して政治制度を理論的に説明してまとめるものが多かった。しかし本書はそうしたものとまったく異なっている。教科書の体裁をとり

ながらも政治における価値の問題に焦点をあてているからである。その結果，リベラリズムとデモクラシーに関係するテーマが並んでいるように見えるが，これは現在の状況で政治について考えるためには必然的に重要だといえるだろう。リベラル・デモクラシーの名のもとにあらゆることが行われるのが現代世界である。リベラリズムやデモクラシーと無縁な政治問題はほとんど存在しえない。

　政治において市民が自分のまわりの環境を理解し，そのなかで自己の意味を発見しようとすることは自然である。その理解と発見の方法の精緻化が政治理論に要求されている。だからこそ政治理論を経験科学として純化させるのは不可能となる。そこに学習主義の入る余地はない。したがって本書を「市民教育のテキスト」と呼ぶのは不当な矮小化である。市民に求められているのは，みずからをエンパワーし，権力行使の主体となって自己利益を最大化することではない。政治固有の論理を理解した上で，新たな価値体系を構築する方法を手にすることである。その意味において本書の存在自体が市民政治の実践となっている。本書も「抵抗の領域」に属する理論の書と考えられる所以である。

政治過程　　　　　　　　　　　　　　　＜書評者　浅野正彦＞

　2006年の政治過程研究における最大の関心は，戦後もっとも強力な指導力を発揮した首相の一人，小泉純一郎であった。小泉政権下では，従来の日本政治では実現できなかった成果が少なからず見受けられた。郵政民営化の実現，公共事業の削減，医療診療報酬の引き下げ，北朝鮮からの拉致被害者の帰国，海上自衛隊のインド洋派遣や陸上自衛隊のイラク派遣など，いずれも首相の強力なリーダーシップなしには実現できなかったはずである。小泉内閣は5年5ヶ月の長きにわたって，50％という高い平均内閣支持率（歴代2位）を維持し得た。小泉首相が駆使した強力なリーダーシップは一時的なものだったのか，それとも何か原因が特定できるのかといった議論が盛んに行われた。

　小泉政治における首相の異例に強力な指導力は「制度」と「パーソナリティ」という二つの面から説明され得る。制度的な側面からの説明は，選挙制度の変更や橋本行革によって，首相の地位は既に強化されていたのであり，その後に出現した小泉はその強化された権力を上手に利用した，と

主張する。他方,田中真紀子によって「変人」と形容された小泉自身がもつ意表を突く特異なパーソナリティによる説明では,小泉のもつポピュリスト的人心掌握の巧みさや敵に対するマキャベリスト的計算や大胆さが説明変数となる。

　竹中治堅『首相支配―日本政治の変貌』(中公新書)は小泉首相の強力なリーダーシップの源泉を,1994年の政治改革をきっかけとして,日本の政治の仕組み全体が大きく変わったことに見出している。政治制度が変わったために,小泉首相は,以前と比較してより大きな権力を保持することができるようになった,と著者は主張する。マスメディアは小泉の強力なリーダーシップを「劇場政治」「ポピュリズム」「テレポリティックス」などと形容し,その要因を小泉の個性に帰する傾向が見受けられたが,著者はその要因をパーソナルなものというより,むしろ制度的なものに求めている。

　他方,小泉首相の強力なリーダーシップの源泉は制度的なものというより,むしろ小泉特有のものと主張する研究もある。大嶽秀夫『小泉純一郎ポピュリズムの研究―その戦略と手法』(東洋経済新報社)は,小泉長期政権における小泉首相によってもたらされたリーダーシップの新しいあり方を,事例研究をもとに検討している。本書では,学会で比較的軽視されている小泉の特異なパーソナリティと資質に焦点をあてて分析し「小泉の権力は,確かに,橋本行革による官邸の強化,そしてなかんずく小選挙区制導入による派閥の弱体化に大きく負ってはいるが,小泉という稀代のマキャベリストと,竹中,本間という学者離れした『政治的素質』をもったブレーン,それにメディア戦略に長けた飯島秘書という,人の要素を抜きにしては考えられない」と結論づけている。つまり,小泉政治における首相の強いリーダーシップは,何よりも小泉の人気とポピュリストとしての資質にその最大の源泉があり,制度変化の影響はあったとしても副次的なものにとどまるというのが著者の主張である。

　御厨貴『ニヒリズムの宰相小泉純一郎論』(PHP研究所)は,空前の支持率で人気を全うした小泉総理のリーダーシップの源泉を制度的な要因と小泉首相のパーソナリティの両者に求めている。御厨は小泉首相が政権を取ったのは2001年だが,実はその前年から行革が本格化し,省庁再編や内閣府ないし内閣官房の強化が制度として現実のものになっていたことを指

摘している。また，小泉長期政権を可能にした要因という観点から，従来の首相と比較して小泉首相のユニークさを次の二点に集約している。第一に，従来は総理大臣はまず自民党の総裁であって，それを前提に総理をやるという感覚が支配的だったが，小泉首相の場合，まず自分が「総理大臣」であることを徹底して優先したことである。第二に，小泉首相はマスコミの世論調査をよく引用し，世論調査をまるでテレビ番組の視聴率のように扱い，これにうまく合わせる形で傑出した政策運営を行ったことである。国民が生きている「こちら側」の世界とは異なる「あちら側」の世界のものだった政治を，小泉首相は「ワンフレーズ・ポリティックス」という手法で巧みに国民に説明し，政治が「こちら側」の世界のものだというフィクションを成立させたことが，小泉政権が長く続いた一番の理由，と著者は主張している。

「小泉劇場」の立役者と言われる人々によって，小泉政権の台所事情が続々と明らかにされ始めている（竹中平蔵著『構造改革の真実　竹中平蔵大臣日誌』，飯島勲『小泉官邸秘録』，田原総一郎責任編集『小泉官邸の真実　飯島勲前秘書官が語る！』など）。稀有なリーダーシップを行使した小泉政権の分析は，様々な観点から，今後さらに深められていくことが予想される。

行政学・地方自治　　　　　　　　　　　＜書評者　佐々木寿美＞

　行政学・地方自治の研究領域からも，数多くの顕著な業績が生まれた。紙面の都合上ここに全ての単行図書を紹介することは出来ないため，地方分権改革や中央地方関係の見直しなど，現在進行中の諸改革との関連で特に重要と考えられる図書を4点ほど取り上げ，評することとする。

　まず行政システム全体の改革に関連する重要な図書としては，**大森彌『官のシステム』**（東京大学出版会）が挙げられよう。行政学叢書の第4巻として出版された本書については，『朝日新聞』2006年11月12日（評者：小林良彰），『読売新聞』2006年11月26日（評者：苅部直），『都市問題』2007年1月号（評者：奥山巧）など，既に様々な新聞や雑誌に書評が掲載されているため，ここでは詳細は省略するが，日本の行政改革がなかなか進まない理由である複雑な「官のシステム」の構造を明らかにし，その改革の処方箋を具体的に挙げている点で，研究者のみならず一般市民にとっても，

一読に値する良書と評価されている。章構成は，戦前の「立法・行法」を一体化した「行政」を担う「天皇の官吏」意識を継続し，公僕であることを受け入れない自立性の強い「実務家集団」を「官」と定義する序章「官たちの世界」，戦前の官吏制度改革のためにGHQが導入を強要した職階制について検討するⅠ章「持続した官のシステム」，官のシステムの独特の組織と人事制度とその運用実態について明らかにするⅡ章「変わらぬ大部屋主義の職場組織」，府省組織の編成に対する「鉄格子」のはめ方等について検討するⅢ章「規格化された組織とその管理」，公務員の定数削減メカニズムについて考察するⅣ章「定員削減のメカニズム」，所管課の活動を個別法の作成過程を通じて明らかにするⅤ章「日本国所管課の活動」，「地方分権推進法」ならびに「地方分権推進委員会」に対する各省庁の反応や「三位一体改革」に対する所管課の対応を解説するⅥ章「分権改革と省庁の対応」，そして「官のシステム」の改革展望を論ずる終章「官のシステムのゆくえ」の全8章である。

　地方分権改革との関連で着目される財政制度については，**持田信樹編『地方分権と財政調整制度―改革の国際的潮流』**（東京大学出版会）が，各国の財政調整制度を比較検討し，日本への示唆を提示している点で着目に値する。本書は，まず税制調整制度改革に積極的に取り組んできた代表国である10カ国を取り上げ，各国における国と地方の機能分担や税源配分を数量的に確認し，税制調整制度の算定公式を検討し，公平性，中立性，簡素といった視点から問題点とその解決をめざす改革を検証するものである。具体的な章構成としては，第Ⅰ部「再分配とインセンティブ」ではなぜ財政調整制度の改革が必要であるのか，政府間関係と制度がどのように関係しているのか，そして平準化効果の国際比較はどのように進められるべきであるのか等，財政調整制度の国際比較を行うにあたり必要と思われる基本的な議論を進めており，全4章から構成されている。第Ⅱ部「裁量かルールか―垂直的財政調整」は5章「水平的財政平衡原則の二元的運用：オーストラリア」，6章「代表的課税システムによる平衡化：カナダ」，7章「強制されたアカウンタビリティ：イギリス」，8章「財政調整制度の長き不在：アメリカ」，9章「分税制」改革後の地域格差と財政調整：中国」から，また第Ⅲ部「動揺を通じた安定化―水平的財政調整」は10章「州間の水平的調整における根本問題：ドイツ」，11章「水平的財政調整の動揺：ス

ウェーデン」, 12章「再配分的福祉機能と連帯財政調整：北欧諸国」, 13章「分権化における財政調整制度：スイス」から構成されており, 先進諸国の財政調整制度について, 各執筆者が入念に考察を行っている。第Ⅳ部「試練と選択―日本の地方交付税」では上記9カ国の国際比較を踏まえた上で, わが国の地方交付税制度の将来像を展望する。"地方交付税は地方財政計画と地財対策が緊密に組み合わさった円環である"という視点から,「試練の時代」の地方交付税について具体的な改革案を提示している点で, 現在進行中の地方分権改革を検討する上での必読書と言えよう。

　グローバルな視点から行政システムの改革を捉え, それが市民の生活にどのような影響を及ぼしているのかについて分析したものとしては, **新藤宗幸監修, 五石敬路編『東アジア大都市のグローバル化と二極分化』**（国際書院）が挙げられる。本書は, 大企業や多国籍企業の成長や国際交通インフラ網の整備により世界都市化, グローバル化が東アジアの各地でも見られるようになったが, 行政システムの改革がそれに追いつかず, 結果として都市居住者の生活の二極分化を引き起こしている点を指摘している。所得格差の拡大は日本でも深刻化しつつあるが, その原因を経済システムではなく行政システムに求め, その改革の必要性を提示している点で, わが国に共通する問題として示唆の多いものである。

　最後に新書を一点挙げておきたい。**佐々木信夫『自治体をどう変えるか』**（ちくま新書）は, 日本の行政の3分の2を担う地方自治体を, 20世紀の事業官庁としてではなく, 新たな政策官庁として再生する処方箋を具体的に提示したものである。地方自治体の比重がこれほど大きい国はカナダと日本ぐらいであるにもかかわらず, 中央集権型の行政システムから未だ脱皮できないわが国において, 昨今の状況を打開するために必要な諸改革を10章建てで論説する本書は, 理論と実践をどう結びつけていくかを考える上でも, 意義深いものであると言えよう。

政治思想（欧米）　　　　　　　　　　＜書評者　中道寿一＞

　今年度も多くの重要な研究書が公刊されたが, ここでは, 立憲主義と広義のファシズムにかかわる研究書4点を取り上げたい。**土井美徳『イギリス立憲政治の源流―前期ステュアート時代の統治と「古来の国制」論―』**（木鐸社）は, 前期ステュアート時代の立憲主義と議会主義と古典的自由主

義が成立していくその基底にあった政治的思考様式の枠組みの特徴を，「古来の国制」論を展開した当時のコモン・ローヤーたちの言説のなかから探り出そうとした貴重な研究書である。本書は，当時のコモン・ローヤーに見られた「コモン・ロー・マインド」の知的源泉をイングランドの伝統的観念のなかに探ると同時に，彼らに影響を与えたルネサンス人文主義の知的態度やローマ法学の概念および思考法をも考察しながら，当時のコモン・ローヤーが「古来の国制」論のなかでめざした統治形態とは「絶対的国王大権」に対して「コモン・ローと議会を通じた二重の制限」を図るものであったこと，コモン・ローの至上性と議会権力の絶対化という一見矛盾しあう二つの契機が逆に相互補完的に同時進行したこと，そのプロセスは臣民の自由の基盤たる「絶対的プロパティ」の観念に基づいていたことなどを明らかにしている。

村松恵二『カトリック政治思想とファシズム』（創文社）は，オーストリア・ファシズム体制成立の特徴を，既存支配層の急進化により樹立された「ファシズム」をカトリック勢力が支えた点に見定め，それゆえに，戦間期オーストリアの様々な政治勢力のなかでもカトリック陣営の政治思想およびカトリック政治思想とファシズムとのかかわりを丁寧に考察した研究書である。本書は，この時期の多様なカトリック政治思想に共通する「保守的で急進的な変革」の論理について検討し，また，カトリック政治思想の「社会改革派」と「社会政策派」による資本主義社会理解，社会改革派のなかで最も有力なO・シュパンの政治思想，ネイションや反ユダヤ主義問題に対するカトリック理論について分析し，さらに，J・メスナーの政治思想を手がかりにして戦間期の職能身分制秩序論とオーストリア・ファシズムとの関係性について明らかにしている。とりわけ，「身分制国家」を「公的領域と私的領域とを結び付けようとした試みの一つ」として位置づけ，また，カトリック思想における普遍性とナショナリズムとの関係性を考察することにより，「戦間期の政治思想が持った衝撃力を正確に測定」しようと試みている点に本書の特徴がある。

寺島俊穂『ハンナ・アレントの政治理論――人間的な政治を求めて』（ミネルヴァ書房）は，「人間の経験の位相から政治を捉え直し，政治の積極的な意味を明らかにした」ハンナ・アレントの思想の根幹部分，すなわち，政治的現実との格闘の中で形成された彼女の政治理論を，その伝記的側面と

結びつけながら詳細に明らかにした研究書である。本書では，1933年を契機に執筆活動を停止し政治的実践の場に入ったアレントの「剥き出しの生」の経験を踏まえて『全体主義の起源』が書かれたことや，夫ブリュヒャーはアレントの思考のパートナーであり「隠れた源泉」であったことが示されている。また本書では，『全体主義の起源』と『人間の条件』との連続性についての考察がなされ，アレントの政治理論を共和主義的伝統の中に位置づけると同時に，市民活動の政治理論として再構成しようとしている。まさに「人間の政治的経験についての考察をとおして形成されていったアレントの政治理論の特性」を十分に示しえた研究書である。

宮田光雄『現代ドイツ政治思想史研究』(創文社)は，ワイマル共和国，ナチ・ドイツ，戦後の東西に分断されたドイツ，統一ドイツという4つの時代にまたがるドイツの歩みを，思想史の立場から考察した重厚な研究書である。本書の諸章は，旧稿を「多少手直し」したものであるけれども，現代ドイツ政治思想史の中に位置づけられることによって新たな光芒を放っている。「ワイマルからナチズムへ」のプロセスに関しては，政治文化やイデオロギー的要因に焦点を当て「政治」と「精神」の乖離の問題を手がかりにしたワイマル共和国崩壊原因の分析，ヒトラーの歴史像と政治観に関する分析，「ナチ支配にいたる憲法学的な道を開いた」C・シュミットとその弟子E・R・フーバーの責任を問うた「ナチ国家論と代表の問題」の考察，ナチ支配に対抗するドイツ精神の形態としてトーマス・マンを例に国外亡命の様相についての分析がなされているし，「ボンからベルリンへ」のプロセスに関しては，戦後東西ドイツにおける「コンフォーミズム下の知識人」の困難な精神状況や反体制知識人の思想構造に関する分析，「既存の社会主義と資本主義とを越える＜第三の道＞を志向」し，「将来的ユートピアないし終末論」に支えられた「フレキシブルな行動のストラテジー」をもつ東西知識人に関する考察，そして，ヴァイツデッカーの「5月8日演説」とそれ以後における政治思想の展開および統一ドイツの抱える政治課題についても考察がなされている。

政治思想（日本・アジア）　　　　　　＜書評者　竹中佳彦＞

2006年は丸山眞男没後10年であった。アジアの政治思想はもちろん，日本に限っても，丸山のみがその対象ではないが，さりとて丸山は無視され

るべき存在でもない。数多存在する丸山論には，丸山から距離を置きすぎた外在的批判か，丸山と距離を置かない讃美論が多い。苅部直『丸山眞男―リベラリストの肖像』（岩波新書）は，丸山批判の言説には「とにかく丸山を叩かなくては気がすまない怨念が」漂い，丸山擁護の言説も，丸山が批判した「異質な意見に接したとたん，激してしりぞけようとする閉じた態度」だとし，いずれも丸山を「体系建設型」の思想家と捉えすぎていると指摘する。したがって著者は，その時々の問題を思考し続けた丸山との対話を重視する。

著者は，丸山の著作・座談を読み込み，丸山に「理想にあこがれるだけではすませず，目先の利害への固執にも陥らない，均衡のとれた」「リアリズムの思考」があることや，丸山が「『一般市民』の政治参加は，仕事のあいまに『種々の問題について気軽に集まり話し合い』，必要があれば政党や代議士に働きかけて，目的が実現されれば解散する，というやり方でよい」と考えていたことなどを指摘する。やや読み込みすぎと思われるものもあるが，丸山の思想を丁寧に描き，好感が持てる。

松沢弘陽・植手通有編『丸山眞男回顧談』上・下（岩波書店）のような回顧談を学会誌の書評に取り上げることには異論もあろう。しかし『丸山眞男集』（岩波書店，2003～2004年）刊行準備のために行われた聞き取りをまとめたこの回顧談は，丸山個人の単なる回想にとどまらず，昭和史・昭和思想史の証言として貴重な遺産となっていると思われる。とりわけ「親英米派」「現状維持派」についての認識，「親英米派」やオールド・リベラリストと分類される人々に対する評価がまとまって示されたことは，昭和期の政治思想を理解する一助になる。また田中耕太郎や和辻哲郎ら，東大や言論界などの関係者の人物評も興味深い。

もちろんすでに著作や座談を通して知られている事実もある。たとえば「憲法改正草案要綱」が発表された1946年3月6日，東京帝大の憲法研究委員会で，「横田先生が，これから総司令部へ行くという。横田さんは東京裁判と密接な関係があるのです。しょっちゅう総司令部へ呼ばれていた。君はだいたいぼくと同意見だから，あとはよろしくと言って，行ってしまった」（上）という話は，丸山自身が紹介している（丸山眞男・福田歓一編『聞き書南原繁回顧録』東京大学出版会，1989年）。

『南原回顧録』では横田と東京裁判との関係は言及されていないが，評者

は，その発言をもとに，①横田がGHQと公的・制度的な接触を持っていたのか，②横田が，丸山と同じ思想的立場だったと理解してよいかと不躾に丸山に手紙で質問したことがある。丸山は，丁寧な返信の中で，発言の意図を超えて読み込みすぎであることを指摘する一方，自分の発言が時として意図しない方向で読み込まれることが少なくないと書いていた。『丸山回顧談』で横田とのやり取りを改めて読んだとき，座談や回顧談を読む際には十分な配慮が必要だという教訓を思い出した次第である。

政治史（日本）　　　　　　　　　　　　＜書評者　竹中佳彦＞

　奈良岡聰智『加藤高明と政党政治―二大政党制への道』（山川出版社）は，加藤高明が，英国の野党を念頭に置き，立憲同志会およびその後継の憲政会を，党首として第二の政権政党に育て上げ，1924年に日本憲政史上初めて総選挙による政権交代で組閣した後，野党時代に獲得した老獪な政治技術と政治指導力によって，普通選挙法制定，行財政整理，政務次官設置などを実現したことを，一次・二次史料を駆使して示した労作である。同書は，政友会の原敬の政治指導に劣るとされてきた加藤の政治指導について，非政友勢力を結集して政権担当能力を持つ政党に変えた野党時代のそれこそが，1924年以降の二大政党制を実現させる前提条件だったと論じ，評価を一転させた，質・量ともに優れたものである。

　ただ，加藤への高い評価が逆に，原と加藤でなければ二大政党制は成立しなかったとか，加藤がもう少し生きていれば金融恐慌やロンドン海軍軍縮会議，満州事変などの対応も違っていただろうという記述を導く。「グルー（Joseph Grew）は，加藤の後継者である『幣原〔喜重郎〕，若槻〔礼次郎〕，浜口〔雄幸〕』のことを高く評価していた」とされているが，彼らはもちろん加藤その人ではないし，むしろ同書では，若槻や浜口の指導力不足が指摘されている。たとえば浜口の政治指導に対する研究が深まれば，その指導力への評価はまた改まる可能性もある。政治指導とは，個人の資質も重要であるが，リーダーとフォロワーとの相互作用のうえに成立するものである。党内権力構造や政治資金に目を配ろうとしているので，むろん著者の本意ではなかろうが，結果的に政治指導が個人の資質に帰着させられているように見える。

　加藤が1913年に参加した同志会を創始した桂太郎の生涯を描いたのが，

小林道彦『桂太郎——予が生命は政治である』（ミネルヴァ書房）である。同書は，山県（有朋）系官僚閥のナンバー2として，隈板内閣成立時，議会の反抗には度重なる解散で応じ，憲法を停止することさえ主張したり，伊藤博文を枢密院議長に祭り上げて政友会倒壊を策したりした桂が，山県ら元老勢力を排除しようとし，3度目の組閣後，山県との違いを鮮明にするため，健全財政と軍備整理を政綱に入れた桂新党＝同志会を結成し，政党政治家に転じた過程を，原史料と，著者自身のものを含む既存の研究の成果とを十分に盛り込みながら，詳細に描いている。桂は，大正政変によって組閣後52日で総辞職を表明せざるをえなかった「保守反動」の藩閥専制政治家と捉えられがちだが，同書は，「山県と桂を一くくりに」することを批判し，桂新党によって戦前の「二大政党時代の前提条件が整備された」ことを示した。伝記は，ともすれば対象人物の追体験に没入し，顕彰に走りがちだが，同書は，桂との距離を適度に保ち，桂の立場を複数の国家経営構想の中に位置づけて活写しており，明治後期・大正初年の政治史の概説書としても読める点が本稿で取り上げた理由である。

戦後日本の防衛政策の原型は，軽軍備・日米安保・経済成長優先という吉田茂の選択した路線である。だがそれは，吉田退陣後も当然に継続されることが予定されていたわけではない。にもかかわらず「吉田路線」が継続され，定着したのはなぜかを日米の原史料，オーラル・ヒストリーの成果を用いて分析したのが，中島信吾『戦後日本の防衛政策——「吉田路線」をめぐる政治・外交・軍事』（慶應義塾大学出版会）である。同書は，戦後の防衛機構整備の過程で，防衛庁の中枢や国防会議から旧軍人が排除されたことを重視する。また1950年代後半，経済成長優先のための軽軍備という「吉田路線」の前提が崩れたのに，「吉田路線」を批判してきた鳩山一郎も岸信介も，「『吉田路線』以上の経済優先政策を選択」し，池田勇人は，なお経済的な実益を得るため，「吉田路線」を正当な政策として「再選択」したことなどを指摘する。

1960年代の米国の対日政策や，日米両国が装備近代化で一致していく過程の分析などは貴重だ。「吉田路線」が，吉田在任中から「ドクトリン」化されていたわけでないとして，吉田やその内閣のみに焦点を当てなかったのは正当である。著者は，「吉田路線」が，吉田や池田の思惑を超えて「ドクトリン」化したと明言している。そうであるなら，既存の「吉田ドクト

リン」研究への評価を避けなくてもよかったように思われる。

　同書によれば，ジョンソン（Lyndon B. Johnson）政権は，日本が国家威信の回復から核開発を行い，「中立強国日本」「反米強国日本」になるのではないかとの懸念を抱いた。さらにジョンソン政権が，中国の核実験以降，日本への核拡散を防止する外交を展開したとするのが，**黒崎輝『核兵器と日米関係—アメリカの核不拡散外交と日本の選択　1960-1976』**（有志舎）である。だが同書は，米国の対日核不拡散外交の成果は乏しく，それが展開されずとも，日本が非核兵器政策を修正する可能性は低かったとする。そして日本にとって，「非核」政策——非核三原則と「米国の核抑止力への依存」の組み合わせ——は唯一不可避の選択肢ではなかったが，佐藤栄作首相は1968年1月，「核四政策」を表明し，その堅持を主体的に選択したという。

　可能性のある選択肢を考えるという点で，興味深い問題提起と分析である。ただ，非核三原則に当たる内容は佐藤内閣以前から事実上採用されていたし，鳩山・岸・池田の歴代首相も，佐藤同様，自主核武装の可能性に言及していた。政策はインクリメンタリズムで決定されることが多いことを考えると，佐藤の「非核」政策の主体的選択という評価はやや過大かもしれない。

比較政治（西欧・北欧）　　　　　　　　　　＜書評者　矢田部順二＞

　2006年も若手研究者の力作が複数上梓された。中でも**斎藤嘉臣『冷戦変容とイギリス外交—デタントをめぐる欧州国際政治1964-1975』**（ミネルヴァ書房）は，冷戦史研究に厚みを増す意欲作である。本書は60年代半ばから70年代前半の，いわゆるデタント期におけるヨーロッパ国際関係に焦点をあて，イギリス外交との係わりの中でこの時代の意義を探ろうとする。

　著者は，米ソの冷戦対立史として描かれがちであった冷戦史には，東西関係の軸だけではなく，それぞれの同盟諸国家間関係，すなわち西西関係と東東関係における外交力学の視座が重要と主張する。またその際，従来看過されがちであったイギリス外交が，西欧安全保障体制の方向性に果たした役割に注目する。これらの課題をイギリス外務省の資料だけでなく，NATOなど国際機関の一次資料も用いて丹念に叙述した。

　冷戦が歴史の一幕となった現在，冷戦の終結の伏線はいつごろから動き

出したのか，時代の連続性の中で考察されるべきである。その解明のために冷戦が変容したデタント期の国際政治史を，デタント史として位置づけ，冷戦の終わりの始まりと捉える本研究の意図は，傾聴に値するといえよう。ただデタント史構築のためには，東側からの視点，すなわち著者の言葉を借りれば東東関係についてもより深く分析されるべきで，この点は旧社会主義圏研究者の取り組むべき課題であろう。

学生向けテキストの形態であるが，日本政治との比較の観点で西欧3カ国の政治に触れた，**スティーブン・R・リード『比較政治学』**（ミネルヴァ書房）はバランスの取れた比較政治論となっている。構成としては比較の枠組みとして，選挙研究の観点と政策研究の観点が紹介され，その後事例紹介としてイギリス，ドイツ，イタリアの戦後政治史が語られる。

政策研究の比較枠組みでは，民主主義のあり方をめぐって移民問題，宗教と政治の関連，政治腐敗と政治改革問題が取り上げられているが，著者の豊富な知見を基礎に，示唆に富む説明が披瀝され興味深い。

著者も意識するように，本書は民主化論のような比較政治学の最先端研究ではないかも知れないが，比較政治学の射程を捉え直す単著という点で評価できる。

冷戦後のヨーロッパ国際関係の変化で注目されるのは，欧州統合の深化と拡大であろう。2007年1月にはブルガリアとルーマニアが加盟し，第5次拡大が完了した。そんな欧州統合の現在を，現地報告の形でダイナミックかつ簡潔に描いたのが，**脇坂紀行『大欧州の時代―ブリュッセルからの報告』**（岩波新書）である。

拡大により単一市場の面積は大きく拡大し，域内人口も5億人に迫った欧州統合が，国際関係に果たす重要性は増大し続けている。他方，課題の多様さ，法体系の複雑さが，統合の意味を分かりにくくしている。その意味でも初学者には，本書のようにコンパクトな欧州統合レポートはEU研究への誘いとなる。

比較政治（ロシア・東欧） ＜書評者　矢田部順二＞

9・11後の世界に生きる我々には，すでに20世紀末のできごとは隔世の感である。しかし，一連のユーゴ紛争は，人権抑圧や民主主義の危機に国際社会がいかに干渉するか，という点で，同時多発テロ後のアメリカの行

動にも少なからず影響を与えている。**月村太郎『ユーゴ内戦：政治リーダーと民族主義』**（東京大学出版会）は、旧ユーゴスラヴィア連邦が解体する過程で起きた、クロアチア内戦とボスニア内戦に焦点をあてる。デイトン合意に至る状況の下で、政治リーダーらが果たした役割を、現地の資料も用いて緻密に追った本格的な研究書である。

もとより紛争発生のメカニズムを考えるには、文化的側面や経済環境、国際関係など、多くの要因に配慮すべきであろう。しかし、本書はあえて民族の問題を政治化し紛争化した政治リーダーの行動に限定し、セルビア、クロアチア、ボスニアの指導者の対応を叙述した。民族紛争は自然発生するのではなく、政治的リーダーシップのもとに発生する、という本書の主題はこれにより際だつことになった。

最後に取り上げるのは、**長谷川毅『暗闘―スターリン、トルーマンと日本降伏』**（中央公論新社）である。本書のテーマは太平洋戦争終結史であり、この項目で取り上げるべきでないのかも知れないが、日本のポツダム宣言受諾の裏側に、トルーマンとスターリンの壮絶な駆け引きがあったことを、日米の資料だけでなく、ロシア側の一次資料も駆使して説明づけている。

原爆の投下が日本の降伏の直接的要因とされる通説に対し、ソ連の参戦というカードこそが国体護持を一義的に考えた日本上層部による宣言受諾の主因であるという主張は、十分に論争的である。ロシア側資料の公開問題もあって未だ十分とはいえない大戦終結の国際関係分析に、ソ連史の側面から一石を投じるものとなっている。

比較政治（北米・中南米） ＜書評者　越智敏夫＞

アメリカ政治の根本理念は「自由と平等」だと主張されたとしても、それが真実かどうかを判断することは不可能である。**砂田一郎『現代アメリカのリベラリズム』**（有斐閣）はその難問に対して研究対象をひとつの団体"American for Democratic Action"に限定し、その活動を通時的に検討することによって解を見いだそうとしている。

本書の問題設定は二つである。まずリベラルによって展開された政策はどのようなものか。次にそれはどのように変化したのか。後者の歴史的変化を追う視点は重要である。公民権運動以前、ベトナム反戦期、レーガン期といった時代別に考えてみただけでもそれぞれのリベラルには主張に大

きな変移が見られる。外交においては「反共から軍縮へ」、経済政策においては「ニューディールから再配分重視へ」というこのリベラルの変質に着目することで、本書は戦後アメリカ政治を巨視的に描くことに成功していると同時に、レーガン政権以降の政治変動が詳細に理解できるようにもなっている。

ここで読者が気づくのは、リベラルな政策を各政権が支持するしないにかかわらず、アメリカ政治における重要な争点の大半は「リベラルなもの」にかかわっているという事実である。それは他の先進資本主義国においても同様である。「新自由主義」や「新保守主義」といったレッテル貼りのみが行われ、思想の布置の確認がおざなりにされている現況において、リベラリズムの変容のプロセスを跡づけた本書の冷静な記述は、**鈴木透『性と暴力のアメリカ』**（中公新書）のような「自由と平等」の別の側面に関する研究と併読するとき、いっそうみずからの政治の見取り図を描くためにも有用である。

比較政治（アジア） ＜書評者　梅垣理郎＞

1989年のAPEC（アジア太平洋経済協力機構）発足以降、東アジアにおける政策協調は後を絶つことがない。一昔前までほとんど無視されていた地域共同体の可能性などが議論の俎上にのぼるようになったのも首肯できる。

このことに留意しつつ二つの書籍を取り上げたい。一つは**米谷匡史『アジア／日本』**（岩波書店）である。「ともかくも日本は、過去70年間、アジアとともに生きてきた」という竹内好の言葉を引用しつつ筆を起こす。本書に一貫して流れるテーマは、19世紀冒頭以来の近代化の衝撃を受け止めるアジアの対応であるが、特に注目するのは衝撃を受け止めるアジアの内部での近代化の衝撃の増幅である。これを米谷は幕末以来日本がアジアに対して見せた協働・連帯への意欲と支配・抑圧という二律背反という枠でとらえる。勝海舟から、福沢諭吉を経て、矢内原忠雄までを整理しつつこの二律背反の息の長さを明らかにしている。今グローバル化の大きなうねりの中で日本の来し方を再考し、深まる政策協調の意味を考える格好の材料を提供しているといえる。

地域統合という流れ、グローバル化の流れを視野に収めつつ、アジア再

考の視点をミクロに求めたものが新津晃一・吉原直樹編著『グローバル化とアジア社会——ポストコロニアルの地平』(東信堂) である。この視点で掘り起こされるアジア社会は，問われることが少なかった先行近代社会（欧米）の経験知の再考を促す。たとえば，都市中間層の持つ政治穏健化効果，都市部貧困層の自助能力の欠如，さらには近代化過程における農村部衰退論などがそれである。重要なことはこのようにミクロの視点を持つことによって，国民国家ないしは国民経済といった近代（モダニティ）固有の構築物の意味を再考する必要に気づかされるということだろう。

この二著を読むと，歴史への再帰，そして国民社会というマクロな視点からの離脱の重要性に気づかざるを得ない。

国際関係 　　　　　　　　　　　　　　＜書評者　梅垣理郎＞

冷戦後の国際関係には，混沌という表現から想起されるほどの無秩序感はないが，国民へのミニマムの義務履行を果たせない多数の国家の存在は否定しようもない。

これを念頭に置きながら，ここでは世界秩序，アナーキー，平和という大きな課題を取り上げる書籍を取り上げた。まず，山本吉宣『「帝国」の国際政治学—冷戦後の国際システムとアメリカ』(東信堂) は，アメリカ主導の戦後文明論ともいえる労作だろう。主権国家を大前提とした上で，特定の国家が他を圧倒する軍事力，経済力，そして意思力を有する場合，その行動は「帝国的」となる，という。そこでは，他者の直接的な支配ではなく，同調を要求する姿勢が，そしてアメリカのイメージに合わせた他者の変容ではなく，アメリカの意図からの逸脱のコストを知らしめる姿勢が，政策の基調となるのである。単独主義的行動であれ，他国との政策協調を強調する場合であれ，この基調は変わらない。異なる行動様式をとっているように見えるアメリカに一貫しているのは軍事力，経済力そして政治的価値に疑義をはさまないという意思力なのである。

本書は膨大な文献のテキスト解釈を通してこの「帝国」アメリカ論を展開する。そのアメリカ以外の主権国家にとっての行動の位置づけについての考察も怠らない。多くの国々が主張する国連重視，WTO あるいは京都議定書などに見られる多国間政策協調への訴えは，山本によればアメリカという圧倒的な巨人の「ガリバー化」に他ならないのである。

主権国家を大前提とする近代の国際関係そのものに重視すべき政策課題の淵源がある，とするのが土佐弘之『アナーキカル・ガヴァナンス——批判的国際関係論の新展開』（御茶の水書房）だろう。平易な文章ではないが，それは著者が明らかにしようとするアイロニーの複雑さそのものに起因するとみてよい。
　ソ連邦解体に伴い地球上ほぼすべての地域が「国民国家」に覆われることによって一つのアイロニーが明らかになる。これ以降まず，ありとあらゆる政治的暴力の持つ意味が，「国民国家」という大西洋憲章以来の大きな「価値」を否定するものとしてしか位置づけられなくなる。ところが，この暴力への不寛容は，ある単純な事実を看過するところからくる。すなわち，一つの「国民国家」の形成がその域内住民の一部にとっては他の「国民国家」を選択できなかったことを意味するという事実である。「国民国家」の形成が多くの場合，別の「国民国家」を求める力をその境界内に封じ込める過程に他ならず，暴力の「内部化」そのものの契機であったのである。
　こうして既成の「国民国家」側にのみ正義を認める土壌が出来上がると，あらゆる暴力の持つ政治的な意味は矮小化されざるを得ない。テロと呼ぶにしろ，分離運動とよぶにしろ，いずれも不正義にほかならず，そうしたものを排除する暴力のみが正当化されることとなり，その行使への歯止めも効かなくなる。正義の根拠を共有できる条件が存在しないまま，暴力の行使が恒常化してゆくのである。
　この「国民国家」の正義という論理は，域内のマイノリティ，不満分子，反体制分子などの位置づけに容易に援用される。あるいは，域内における暴力行使の正当化（植民地内先住民の抑圧など）という経験知が自戒のないままに累積された上で，国際関係というより広い実践の場を得た論理となったとすることができよう。
　土佐の議論の面白さは，このフーコー型のポストモダニズムの認識枠組みを国際関係論に持ち込むことで，大きな戦争を失った国際政治における暴力論を展開したところにあろう。
　国境を越えて遍在し，にもかかわらず，国境の存在そのものを否定する契機となりにくい暴力は，次に取り上げる**大芝亮・藤原帰一・山田哲也**『平和政策』（有斐閣）にとっての最大の課題である。
　序章，終章を合せると20近くの論文を集めた労作であるが，その構成自

体が実は課題としての「平和」の性格を反映しているようだ。すなわち，各論としてしか議論できないのが「平和」なのではないか，ということである。核の廃止，貧困の撲滅，テロを含めた暴力の抑制などなど，国家間の政策協調を必要とするものから，従来は国家の専管事項として位置づけられてきたものを含め，「平和」であることの断片が明らかにされ，その一つ一つへの政策的な道程が明らかにされている。

　同時に，こうした断片を横断する形で累積されつつある組織的，制度的な実践知・経験知を抽出することも可能かもしれない。例えば，主権国家という大前提は否定しないものの，そうした国家に必要な国内法の修正を要求するきっかけを生み出しつつある国際刑事裁判所の定着化，機動力豊かなNGOの役割の増大などがそれである。恐らく編者の一人が主張する「平和構築の訓練」はこうした実践知・経験知の整理と体系化があって初めて可能になるのではないだろうか。

書評委員会から

　書評委員会は今年度初めて設置されました。理事会や委員会における議論を踏まえて，分野は政治理論，政治過程，行政学・地方政治，政治思想，政治史，比較政治，国際関係という現行の文献委員会の分け方を踏襲しました。執筆の方針はテーマを絞って書ける分野とそうでない分野があり，いずれを取るかは個々の書評者に任せることとしました。書評に取り上げる冊数は重点的にという方針を伝え，総数は34冊となりました。新書のもつ意義を考え，新書を入れることができる分野では取り上げていただきました。字数の制限もあって，書評者には難しい面もあったようです。文献委員会との関係など，今後整理すべき点もあります。この書評が会員の研究の質とモティベーションの向上につながることを期待しています。

(委員長　市川太一)

日本政治学会規約

一，総則
第一条　本会は日本政治学会 (Japanese Political Science Association) と称する。
第二条　（削除）

二，目的及び事業
第三条　本会はひろく政治学（政治学，政治学史，政治史，外交史，国際政治学，行政学及びこれに関連ある諸部門を含む）に関する研究及びその研究者相互の協力を促進し，かねて外国の学会との連絡を図ることを目的とする。

第四条　本会は前条の目的を達成するため左の事業を行う。
　　　　一，研究会及び講演会の開催
　　　　二，機関誌その他図書の刊行
　　　　三，外国の学会との研究成果の交換，その他相互の連絡
　　　　四，前各号のほか理事会において適当と認めた事業

三，会員
第五条　本会の会員となることのできる者はひろく政治学を研究し，且つ会員二名以上から推薦された者で，理事会の承認を得た者に限る。

第六条　入会希望者は所定の入会申込書を理事会に提出しなければならない。

第七条　会員は，理事会の定めた会費を納めなければならない。

第八条　会費を二年以上滞納した者は，退会したものとみなす。但し，前項により退会したとみなされた者は，理事会の議をへて滞納分会費を納入することにより，会員の資格を回復することを得る。

四，機関
第九条　本会に左の役員を置く。
　　　　一，理事　若干名，内一名を理事長とする。
　　　　二，監事　二名
　　　　三，幹事　若干名
　　　　四，顧問　若干名

第十条　理事及び監事の選任方法は，別に定める理事・監事選出規程によるものとする。
　　　　理事長は，別に定める理事長選出規程に基づき，理事会において選出する。
　　　　幹事及び顧問は理事会が委嘱する。

第十一条　理事長，理事及び幹事の任期は二年とする。
　　　　　監事の任期は三年とする。
　　　　　補充として就任した理事長，理事，監事及び幹事の任期は前二項の規定にかかわらず，前任者の残存期間とする。
　　　　　理事長，理事，監事及び幹事は重任することが出来る。

第十二条　理事長は本会を代表し，会務を総括する。
　　　　　理事長が故障ある場合には理事長の指名した他の理事がその職務を代表する。

第十三条　理事は理事会を組織し，会務を執行する。

第十四条　監事は，会計及び会務執行を監査する。

第十五条　幹事は，会務の執行につき，理事に協力する。

第十五条の二　顧問は会務の執行につき理事長の諮問に応える。

第十六条　理事長は毎年少なくとも一回，会員の総会を招集しなければならない。
　　　　　理事長は，必要があると認めるときは，臨時総会を招集することが出来る。
　　　　　総会（臨時総会を含む）を招集する場合は，少なくとも一ヶ月以前に全会員に通知しなければならない。
　　　　　会員の五分の一以上の者が，会議の目的たる事項を示して請求したときは，理事長は臨時総会を招集しなければならない。

第十七条　総会（臨時総会を含む）は，出席会員によって行うものとする。
　　　　　理事会は，役員の選任・会計・各委員会および事務局の活動その他，学会の運営に関する基本的事項について総会に報告し，了承

を受けるものとする。

第十八条　本会の会計年度は，毎年四月一日に始り，翌年三月末日に終る。

五，規約の変更及び解散
第十九条　本規約を変更する場合は，理事会の発議に基づき会員の投票を実施し，有効投票の三分の二以上の賛成を得なければならない。

第二十条　本会は，会員の三分の二以上の同意がなければ，解散することができない。

(二〇〇〇年一〇月八日改正)

日本政治学会理事・監事選出規程

理事の選任
第一条　理事の選任は，会員による選挙および同選挙の当選人によって構成される理事選考委員会の選考によって行う（以下，選挙によって選出される理事を「公選理事」，理事選考委員会の選考によって選出される理事を「選考理事」と称する）。

第二条　公選理事は，会員の投票における上位二〇位以内の得票者とする。

第三条　投票が行われる年の四月一日現在において会員である者は選挙権及び被選挙権を有する。
　　　　ただし，顧問および理事長は被選挙権を有しない。

第四条　会員の選挙権及び被選挙権の公表は会員名簿及びその一部修正によって行なう。

第五条　一，選挙事務をとり行なうため，理事長は選挙管理委員長を任命する。
　　　　二，選挙管理委員長は五名以上一〇名以下の会員により，選挙管理委員会を組織する。

第六条　一，選挙は選挙管理委員会発行の，所定の投票用紙により郵送で行なう。
　　　　二，投票用紙は名簿と共に五月中に会員に郵送するものとする。
　　　　三，投票は六月末日までに選挙管理委員会に到着するように郵送されなければならない。

　　　　　四，投票は無記名とし，被選挙権者のうち三名を記する。

第七条　一，選挙管理委員会は七月末までに開票を完了し，得票順に当選人を決定し，九月初旬までに理事長及び当選人に正式に通知しなければならない。
　　　　二，最下位に同点者がある場合は全員を当選とする。
　　　　三，投票の受理，投票の効力その他投票及び開票に関する疑義は選挙管理委員会が決定するものとする。
　　　　四，当選人の繰上補充は行なわない。

第八条　一，前条第一項の当選人は理事選考委員会を構成する。
　　　　二，理事選考委員会は，十五名以内の理事を，地域，年齢，専攻，学会運営上の必要等に留意して選考する。
　　　　三，理事選考委員会は当選人の欠員補充をすることができる。その場合には，前項の留意条件にとらわれないものとする。
　　　　四，常務理事については，本条第二項にいう十五名の枠外とすることができる。

第九条　理事長は，選出された公選理事および選考理事を，理事として総会に報告する。

監事の選任
第十条　監事の選任は理事会において行い，理事会はその結果を総会に報告し，了承を受けるものとする。

規程の変更
第十一条　本規程の変更は，日本政治学会規約第十九条の手続きによって行う。

（了解事項）理事選挙における当選者の得票数は，当選者に通知するとともに，理事会に報告する。

　　　　　　　　　　　　　　　　　　（二〇〇〇年一〇月八日改正）

日本政治学会理事長選出規程

第一条　理事長は，公選理事の中から選出する。
第二条　現理事長は，理事選挙後，理事選考委員会（日本政治学会理事・監

事選出規程第八条）に先だって，公選理事による次期理事長候補者選考委員会を招集する。

二　公選理事は，同選考委員会に欠席する場合，他の公選理事に議決権を委任することができる。

三　次期理事長選考委員会では，理事長に立候補した者，または推薦された者について投票を行い，過半数の得票を得て，第一位となった者を次期理事長候補者とする。

四　投票の結果，過半数の得票者がいない場合，上位二名につき再投票を行い，上位の得票者を次期理事長候補者とする。

五　再投票による得票が同数の場合は，抽選によって決定する。

第三条　選考理事を含めた次期理事会は，次期理事長候補者の理事長への選任について審議し，議決する。

二　理事は，欠席する場合，他の理事に議決権を委任することができる。

(二〇〇二年一〇月五日制定)

日本政治学会次期理事会運営規程

一　〔総則〕　次期理事が選出されてから，その任期が始まるまでの次期理事会は，本規程に従って運営する。

二　〔構成〕　次期理事会は，次期理事および次期監事によって構成する。

三　〔招集〕　次期理事会は，次期理事長が召集する。但し，第一回の次期理事会は現理事長が招集する。

四　〔任務〕
イ　次期理事会に関する事務は，次期常務理事が取り扱う。また，その経費は次期理事会経費に準じて学会事務局が支払う。
ロ　次期理事会は，任期の間の次期常務理事，次期幹事，各種委員会の長および委員を必要に応じて委嘱できる。
ハ　次期理事会は，任期の間の日本政治学会行事について，現理事会の委嘱にもとづき，企画，立案できる。

五　〔記録〕　次期理事会の記録は，次期常務理事の下でまとめ，次期理事会および現理事会の構成員に配布する。

(二〇〇二年一〇月五日制定)

『年報政治学』論文投稿規程

※第9条の「投稿申込書」は，日本政治学会のホームページからダウンロードできます（URL: http://wwwsoc.nii.ac.jp/jpsa2/publication/nenpou/index.html）。

1．応募資格
　・日本政治学会の会員であり，応募の時点で当該年度の会費を納入済みの方。

2．既発表論文投稿の禁止
　・応募できる論文は未発表のものに限ります。

3．使用できる言語
　・日本語または英語。

4．二重投稿の禁止
　・同一の論文を本『年報政治学』以外に同時に投稿することはできません。
　・同一の論文を『年報政治学』の複数の号に同時に投稿することはできません。

5．論文の分量
　・日本語論文の場合，原則として20,000字以内（注，参考文献，図表を含む）とします。文字数の計算はワープロソフトの文字カウント機能を使って結構ですが，脚注を数える設定にして下さい（スペースは数えなくても結構です）。半角英数字は2分の1字と換算します。図表は，刷り上がり1ページを占める場合には900字，半ページの場合には450字と換算して下さい。
　　論文の内容から20,000字にどうしても収まらない場合には，超過を認めることもあります。ただし査読委員会が論文の縮減を指示した場合には，その指示に従って下さい。
　・英語論文の場合，8,000語（words）以内（注，参考文献，図表を含む）とします。図表は，刷り上がり1ページを占める場合には360語（words），半ページの場合には180語（words）と換算して下さい。
　　論文の内容から8,000語にどうしても収まらない場合には，超過を認めることもあります。ただし査読委員会が論文の縮減を指示した場合には，その指示に従って下さい。

6．論文の主題

- 政治学に関わる主題であれば，特に限定しません。年報各号の特集の主題に密接に関連すると年報委員会が判断した場合には，特集の一部として掲載する場合があります。ただし，査読を経たものであることは明記します。

7．応募の締切
- 論文の応募は年間を通じて受け付けますので，特に締切はありません。ただし，6月刊行の号に掲載を希望する場合は刊行前年の10月末日，12月刊行の号に掲載を希望する場合は刊行年の3月末日が応募の期限となります。しかし，査読者の修正意見による修正論文の再提出が遅れた場合などは，希望の号に掲載できないこともあります。また，査読委員会が掲載可と決定した場合でも，掲載すべき論文が他に多くある場合には，直近の号に掲載せず，次号以降に回すことがありますので，あらかじめご了承ください。掲載が延期された論文は，次号では最優先で掲載されます。

8．論文の形式
- 図表は本文中に埋め込まず，別の電子ファイルに入れ，本文中には図表が入る位置を示して下さい。図表の大きさ（1ページを占めるのか半ページを占めるのか等）も明記して下さい。また，他から図表を転用する際には，必ず出典を各図表の箇所に明記して下さい。
- 図表はスキャン可能なファイルで提出してください。出版社に作成を依頼する場合には，執筆者に実費を負担していただきます。
- 投稿論文には，審査の公平を期すために執筆者の名前は一切記入せず，「拙著」など著者が識別されうるような表現は控えて下さい。

9．投稿の方法
- 論文の投稿は，ワードまたは一太郎形式で電子ファイルに保存し，『年報政治学』査読委員会が指定する電子メールアドレス宛てに，メールの添付ファイルとして送信して下さい。投稿メールの件名（Subject）には，「年報政治学投稿論文の送付」と記入して下さい。
- なお，別紙の投稿申込書に記入の上，投稿論文と共にメールに添付して送付して下さい。
- また，投稿論文を別に3部プリントアウト（A4用紙に片面印刷）して，査読委員会が指定する宛先に送ってください（学会事務局や年報委員会に送らないようにご注意ください）。
- 送付された投稿論文等は執筆者に返却致しません。

10．投稿論文の受理

・投稿論文としての要件を満たした執筆者に対しては，『年報政治学』査読委員会より，投稿論文を受理した旨の連絡を電子メールで行います。メールでの送受信に伴う事故を避けるため，論文送付後10日以内に連絡が来ない場合には，投稿された方は『年報政治学』査読委員会に問い合わせて下さい。

11. 査読
    ・投稿論文の掲載の可否は，査読委員会が委嘱する査読委員以外の匿名のレフリーによる査読結果を踏まえて，査読委員会が決定し，執筆者に電子メール等で結果を連絡します。
    ・なお，「掲載不可」および「条件付で掲載可」と査読委員会が判断した場合には，執筆者にその理由を付して連絡します。
    ・「条件付で掲載可」となった投稿論文は，査読委員会が定める期間内に，初稿を提出した時と同一の手続で修正稿を提出して下さい。なお，その際，修正した箇所を明示した修正原稿も電子メールの添付ファイルとして送って下さい。

12. 英文タイトルと英文要約
    ・査読の結果，『年報政治学』に掲載されることが決まった論文については，著者名の英文表記，英文タイトル，英文要約を提出いただくことになります。英文要約150語程度（150 words）になるようにして下さい（200語以内厳守）。査読委員会は原則として手直しをしないので，執筆者が各自で当該分野に詳しいネイティヴ・スピーカーなどによる校閲を済ませて下さい。

13. 著作権
    ・本『年報政治学』が掲載する論文の著作権は日本政治学会に帰属します。掲載論文の執筆者が当該論文の転載を行う場合には，必ず事前に文書で本学会事務局と出版社にご連絡下さい。また，当該『年報政治学』刊行後1年以内に刊行される出版物への転載はご遠慮下さい。
    ・また，投稿論文の執筆に際しては他人の著作権の侵害，名誉毀損の問題を生じないように充分に配慮して下さい。他者の著作物を引用するときは，必ず出典を明記して下さい。
    ・なお，万一，本『年報政治学』に掲載された執筆内容が他者の著作権を侵害したと認められる場合，執筆者がその一切の責任を負うものとします。

14. その他の留意点
    ・執筆者の校正は初校のみです。初校段階で大幅な修正・加筆をすることは

認められません。また，万が一査読委員会の了承の下に初校段階で大幅な修正・加筆を行った場合，そのことによる製作費用の増加は執筆者に負担していただきます。
・本『年報政治学』への同一の著者による論文の投稿数については何ら制限を設けるものではありませんが，採用された原稿の掲載数が特定の期間に集中する場合には，次号以下に掲載を順次繰り延べることがあります。

査読委員会規程

1. 日本政治学会は，機関誌『年報政治学』の公募論文を審査するために，理事会の下に査読委員会を置く。査読委員会は，委員長及び副委員長を含む7名の委員によって構成する。

    査読委員会委員の任期は2年間とする。任期の始期及び終期は理事会の任期と同時とする。ただし再任を妨げない。

    委員長及び副委員長は，理事長の推薦に基づき，理事会が理事の中から任命する。その他の委員は，査読委員長が副委員長と協議の上で推薦し，それに基づき，会員の中から理事会が任命する。委員の選任に当たっては，所属機関，出身大学，専攻分野等の適切なバランスを考慮する。

2. 査読委員会は，『年報政治学』に掲載する独立論文および特集論文を公募し，応募論文に関する査読者を決定し，査読結果に基づいて論文掲載の可否と掲載する号，及び配列を決定する。特集の公募論文は，年報委員長と査読委員長の連名で論文を公募し，論文送付先を査読委員長に指定する。

3. 査読者は，原則として日本政治学会会員の中から，専門的判断能力に優れた者を選任する。ただし査読委員会委員が査読者を兼ねることはできない。年報委員会委員が査読者になることは妨げない。査読者の選任に当たっては，論文執筆者との個人的関係が深い者を避けるようにしなければならない。

4. 論文応募者の氏名は査読委員会委員のみが知るものとし，委員任期終了後も含め，委員会の外部に氏名を明かしてはならない。査読者，年報委員会にも論文応募者の氏名は明かさないものとする。

5. 査読委員長は，学会事務委託業者に論文応募者の会員資格と会費納入状況を確認する。常務理事は学会事務委託業者に対して，査読委員長の問い合わせに答えるようにあらかじめ指示する。

6. 査読委員会は応募論文の分量，投稿申込書の記載など，形式が規程に則しているかどうか確認する。

7. 査読委員会は，一編の応募論文につき，2名の査読者を選任する。査読委員会は，査読者に論文を送付する際に，論文の分量を査読者に告げるとともに，論文が制限枚数を超過している場合には，超過の必要性についても審査を依頼する。

    査読者は，A，B，C，Dの4段階で論文を評価するとともに，審査概評を報告書に記載する。A～Dには適宜＋または－の記号を付してもよい。記号の意味は以下の通りとする。

    A：従来の『年報政治学』の水準から考えて非常に水準が高く，ぜひ掲載すべき論文

Ｂ：掲載すべき水準に達しているが，一部修正を要する論文
　　　Ｃ：相当の修正を施せば掲載水準に達する可能性がある論文
　　　Ｄ：掲載水準に達しておらず，掲載すべきではない論文。
　査読者は，ＢもしくはＣの場合は，別紙に修正の概略を記載して査読報告書とともに査読委員会に返送する。またＤの場合においては，論文応募者の参考のため，論文の問題点に関する建設的批評を別紙に記載し，査読報告書とともに査読委員会に返送する。査読委員会は査読者による指示ならびに批評を論文応募者に送付する。ただし査読委員会は，査読者による指示ならびに批評を論文応募者に送付するにあたり，不適切な表現を削除もしくは変更するなど，必要な変更を加えることができる。
　ＡないしＣの論文において，その分量が20,000字（英語論文の場合には8,000語）を超えている場合には，査読者は論文の内容が制限の超過を正当化できるかどうか判断し，必要な場合には論文の縮減を指示することとする。
8． 修正を施した論文が査読委員会に提出されたときは，査読委員会は遅滞なく初稿と同一の査読者に修正論文を送付し，再査読を依頼する。ただし，同一の査読者が再査読を行えない事情がある場合には，査読委員会の議を経て査読者を変更することを妨げない。また，所定の期間内に再査読結果が提出されない場合，査読委員会は別の査読者を依頼するか，もしくは自ら査読することができるものとする。
9． 最初の査読で査読者のうち少なくとも一人がＤ（Ｄ＋およびＤ－を含む。以下，同様）と評価した論文は，他の査読者に査読を依頼することがある。ただし，評価がＤＤの場合は掲載不可とする。修正論文の再査読の結果は，Ｘ（掲載可），Ｙ（掲載不可）の２段階で評価する。ＸＹの場合は，委員会が査読者の評価を尊重して掲載の可否を検討する。
10． 査読委員会は，年報委員長と協議して各号に掲載する公募論文の数を決定し，その数に応じて各号に掲載する公募論文を決定する。各号の掲載決定は，以下の原則によるものとする。
　　1） 掲載可と判断されながら紙幅の制約によって前号に掲載されなかった論文をまず優先する。
　　2） 残りの論文の中では，初稿の査読評価が高い論文を優先する。この場合，ＢＢの評価はＡＣの評価と同等とする。
　　3） 評価が同等の論文の中では，最終稿が提出された日が早い論文を優先する。
　上記３つの原則に拘らず，公募論文の内容が特集テーマに密接に関連している場合には，その特集が組まれている号に掲載することを目的として掲載号を変えることは差し支えない。
11． 応募論文が特集のテーマに密接に関連する場合，または応募者が特集の一

部とすることを意図して論文を応募している場合には，査読委員長が特集号の年報委員長に対して論文応募の事実を伝え，その後の査読の状況について適宜情報を与えるものとする。査読の結果当該論文が掲載許可となった場合には，その論文を特集の一部とするか独立論文として扱うかにつき，年報委員長の判断を求め，その判断に従うものとする。
12. 査読委員長，査読委員及び査読者の氏名・所属の公表に関しては，査読委員長の氏名・所属のみを公表し，他は公表しない。

付則1
1．本規程は，2005年10月より施行する。
2．本規程の変更は，理事会の議を経なければならない。
3．本規程に基づく査読委員会は2005年10月の理事会で発足し，2006年度第2号の公募論文から担当する。最初の査読委員会の任期は，2006年10月の理事交代時までとする。

付則2
1．本規程は，2007年3月10日より施行する。

The Annuals of
Japanese Political Science Association 2007-I

Summary of Articles

Max Weber on War and Politics:
As a Reconsideration of his Sociology of Religion

Yoichi KAMEJIMA (11)

In his famous article, "Zwischenbetrachtung (Religious Rejections of the World and Their Directions)", Weber describes the possible tensions existing between religion and the world. Among such tensions, the most interesting is the one between religion and the political sphere. The mutual strangeness of both of them is 'all the more the case because, in contrast to economics, politics may come into direct competition with religious ethics at decisive points'. According to Weber, it is an unusual pathos and feeling of community created by war that makes politics emulate religious ethics. This pathos is so unique as well as powerful, because only in war the individual can believe that his death, and therefore his life, obtains 'meaning'.

Such descriptions suggest the central characteristics of Weber's 'concept of political' which is formed against the background of 'rationalization' in the western modernity. This paper tries to explain how Weber sees the relation between war and the peculiarity of modern politics and also how his theoretical reflections on this matter in his sociology of religion are consistent with his arguments in his wartime-political essays.

"Political Theory of War" That is Not Told:
A Theoretical Range of Arendtian Theory of Revolution

Akira KAWAHARA (35)

Hannah Arendt discussed it about political theory of revolution and violence, but never told it about political theory of war. Political theory of Arendt comes out of experience in the days of totalitarianism. Arendt rediscovered "the revolutionary tradition and its lost treasure" and evaluated it as a nucleus of new political theory. Political theory of Arendt makes the public sphere which constitutional power of multitude creates a theme. Arendt discovered an opportunity to let public sphere revive and argued in possibility of non-violent revolution. Arendt interested in French Revolution and American Revolution,

Russian Revolution and German Revolution, Hungarian uprising and the Spring of Prague as experience of revolution of modern times and the present age. Arendt pays her attention to experience of revolution not experience of war daringly and searches experience of the beginning that is not accompanied with violence. Arendt catches a war phenomenon as a problem of a pre-political stage and is interested in experience of the foundation as a political action. This article wants to clarify outlook on the Arendtian Revolution.

Democracy and Use of Force:
The Iraq War as a Touchstone of Democratic Politics

Takashi OSHIMURA (57)

Whereas there is growing recognition that democracies are less likely to be engaged in military conflict than any other regime type, the United States and Britain, or some other democracies, have finally decided, despite domestic opposition and protest, that they should commit their forces to change Iraq's regime. The democratic pacifism assuming that a state's domestic political system is the primary determinant of international behavior and that the spread of democracy is an important factor of world peace has been called into question by the Iraq War.

In fact, Western democracies have more frequently used, in recent years, military force in the cases of Kosovo, Bosnia, Somalia, Afghanistan and Iraq. This chapter then reconsiders the old and new dialectics between democracy and use of force in a changing environment. What difficulties do democracies face in using force in the pursuit of higher values than national interest? In what manner can democracies reconcile the use of force with the moral and political value of democracy? These are the pivotal questions around which we evolve arguments in this chapter.

Democracy and War: International Relations as Political Thought

Osamu KITAMURA (79)

It is often argued that democracies do not go to war with each other. This democratic peace thesis might be true. At the dark side of democratic peace, however, democracies often go to war with other regimes. It means that democracies are peaceful towards each other, but in general they are as war-prone as any other regime type. It is true that the theory of democratic peace remains fragmentary as long as it fails to account for the practice of war on the part of democracies.

In the history of political thought about the relationship between democracy and war, Athenian imperialism by Pericles in the funeral oration shows moral justifications of war. Moreover, Tocqueville points out that democracy in America is war-prone. In fact, the United States often goes to war for creating democracies. In this sense, the democratic peace thesis is a democratic war thesis. The purpose of this paper is to deal with the involvement of democracies in war in terms of international political thought.

War and Political Theory: Criticizing Just War Theory in search of a Political Theory of Peace

Yoshiki OTA (95)

Today, we are no longer satisfied with merely ideological justification of war. Instead, we want theory that enables us to think about it more critically. This article aims to show what problems political theory has in order to meet this need by assessing just war theory, which is used most frequently by political theorists to argue about war. Because the most problematic aspect of modern war is its inevitableness of causing deaths of civilians, this article focuses on two issues: 1) the theoretical foundation of "noncombatant immunity principle" and 2) the validity of "double effect principle". With regard to the first, it examines arguments advanced by A. J. Coates and H. Shue, and to the second, it explores accounts of J.P. Sterba and H. Shue. As a consequence, this article argues that just war theory demands a stricter set of criteria for justifiable war than usually understood and its strictness mainly comes from the priority of "jus ad bellum" over "jus in bello" because the former belongs to the political process, the latter to the military process. Finally this article points out that just war theory deals only with the decision-making phase of the political process, and that political theory in general ought to cover the entire policy-making phase: political theory ought to take into consideration the outcomes of policy-oriented studies, in particular security studies and peace researches.

R. M. Titmuss and Warfare-Welfare: "War and Social Policy" Reconsidered

Taku YAMAMOTO (119)

Titmuss's "War and Social Policy" (1955) is known as a masterpiece Warfare-Welfare thesis, a thesis that emphasises the close linkage between warfare and welfare. His thesis presents a historical view that the Second World War (WWII) promoted the development of universal social services, and that post-war social policies succeeded the legacy as unfinished business. However, revisionist historians qualified this view, some of them calling it a myth. This paper examines why Titmuss presented such a so-called myth in the contemporary political context of the National Health Service.

The examination reveals that, on the one hand, Titmuss's Warfare-Welfare thesis systematises the view that welfare, or social policy, had functioned as an essential elements of modern warfare. On the other hand, in the early 1950s' controversial context, Titmuss's argument signified a trade-off model of the Warfare-Welfare thesis. He regarded WWII as war to win a peace in which welfare would be given a higher priority. He also stressed the continuity between the Great War and post-war social policy, including the National Health Service. This view, in practice, functioned as the basis for antagonism against the rearmament of the early 1950s.

Contemporary Democratic Theory on Inclusion and Exclusion: Between "Agonistic" and "Deliberative" Models

Ryusaku YAMADA (143)

So-called "radical democracy" has been concerned with problems of inclusion and exclusion, discussing difference, identity or citizenship. Now radical democracy seems to be divided into two models, agonistic and deliberative. Chantal Mouffe strongly criticizes deliberative democracy through insisting conflict as a fundamental element of "the political". On the other hand, Iris Young, whose democratic theory is not simply labelled as agonistic or deliberative, conceptualized inclusive democratic model which can be bound on Mouffe's. Both of them reject the essentialist idea of identity and acknowledge the fact that the constitution of "we" needs the determination of "they". Mouffe's idea of "adversary" and Young's recognition of communication as "struggle" show that democratic dialogue can be a non-violent conflict in a public sphere. Such a conflict should be a type of inclusion because any identity cannot exist without others. The acknowledgement of changeableness of self-identity or self-interest seems to require what Young called "reasonableness" as "hearing the other", which is not based on particular culture (e. g., white male) nor contain any notion of the common good which might oppress diversity. This can meet Mouffe's emphasis upon a "practice of civility" which is based on Michael Oakeshott's notion of *societas*.

年報政治学2007-Ⅰ
戦争と政治学

2007年9月10日　第1刷発行

編　者　　日 本 政 治 学 会（年報委員長　李 鍾元）

発行者　　坂　口　節　子

発行所　㈲　木　鐸　社
　　　　　　ぼく　たく　しゃ

印刷　㈱アテネ社／製本　大石製本

〒112-0002　東京都文京区小石川5-11-15-302
電話（03）3814-4195　　郵便振替　00100-5-126746番
ファクス（03）3814-4196　　http://www.bokutakusha.com/

ISBN978-4-8332-2396-6　　C3331

乱丁・落丁本はお取替致します

バックナンバーご案内

日本政治学会編　年報政治学2005−Ⅰ　2005年より版元変更。年2回刊
市民社会における参加と代表
A5判・360頁・2300円（2005年11月）ISBN4-8332-2370-8 C3331
政治改革の効果測定−小選挙区比例代表並立制導入に伴う投票行動の変化と持続−＝小林良彰
2003年衆議院選挙・2004年参議院選挙の分析−期待の政治の帰結と有権者＝池田謙一
2004年参院選における業績評価投票＝平野浩
2004年参院選における自民党からの離反と小泉評価＝山田真裕，他

日本政治学会編　年報政治学2005−Ⅱ
市民社会における政策過程と政策情報
A5判・260頁・1700円（2006年3月）ISBN4-8332-2375-9 C3331
衆議院総選挙候補者の政策位置＝谷口将紀
無党派知事下の地方政府における政策選択＝曽我謙悟・待鳥聡史
政策形成過程における官僚の民主的統制としての組織規範＝金宗郁
国民の対外意識に及ぼすマスメディアの影響＝河野武司

日本政治学会編　年報政治学2006−Ⅰ
平等と政治
A5判・320頁・2200円（2006年11月）ISBN4-8332-2382-1 C3331
運命と平等──現代規範的平等論＝飯田文雄
世界秩序の変動と平等＝遠藤誠治
不平等と政治的動員戦略＝新川敏光
福祉国家と平等をめぐる政治＝宮本太郎

日本政治学会編　年報政治学2006−Ⅱ
政治学の新潮流──21世紀の政治学へ向けて
A5判・270頁・1800円（2007年3月）ISBN978-4-8332-2391-1 C3331
規範理論と経験的研究との対話可能性＝田村哲樹
比較政治学における「アイディアの政治」＝近藤康史
「制度改革」の政治学＝森　正
日本官僚論の再定義＝宮本　融